# CHAPELLE SIXTIES

du même auteur
au **cherche midi**

*Quand j'étais méchant*, 2007.
*Actrice*, 2005.

Guy Carlier

# CHAPELLE SIXTIES

Dictionnaire romancé
d'une parenthèse enchantée

COLLECTION **DOCUMENTS**

cherche
**midi**

Vous aimez les documents ? Inscrivez-vous à notre newsletter
pour suivre en avant-première toutes nos actualités :
**www.cherche-midi.com**

Direction éditoriale : Arnaud Hofmarcher


23, rue du Cherche-Midi
75006 Paris

*Pour Antoine, qui vient se blottir contre moi dans le lit en demandant : « Raconte-moi encore des histoires de quand t'étais petit. » Les voici, ces histoires, tu les connais presque toutes, mais surtout continue à venir te blottir, mon amour, j'en connais encore plein d'autres que je garde rien que pour toi.*

*Pour Federico. Parce que je n'ai pas oublié que 15 ans, c'est sans doute le plus bel âge de la vie, mais c'est aussi celui des tourments, de la solitude et de l'angoisse d'être différent. Jacques Brel avait raison : « Les adultes sont tellement cons ! » Surtout ceux qui balancent aux enfants : « Tu as bien de la chance d'avoir les problèmes de ton âge. »*

*Pour Isaac, qui vivra tellement loin de tout ça.*

*C'était le jour des épreuves sportives du BEPC. La peur qui embrasait mes entrailles ce matin-là s'appelait Martine Paris. La sœur de mon meilleur copain, Alain Paris. Tous les garçons étaient amoureux de Martine, notamment Jean-Claude Livet, qui jouait de la batterie, une sublime batterie Ludwig, pailletée d'argent, la même que celle du batteur des Pirates. Malgré l'avantage incontestable que conférait à Livet son statut de batteur des Melody Makers, j'avais remis à Alain Paris un mot destiné à sa sœur, sur lequel j'avais écrit : « Je t'aime et comme dit Claude François : je veux tenir ta main. Est-ce que tu es d'accord ? » (À ceux que la référence à Claude François pourrait faire sourire, je tiens à préciser que M. Bague, professeur de français au collège Paul-Vaillant-Couturier d'Argenteuil, insistait sur la nécessité d'ennoblir nos rédacs par des citations.)*

*Voilà pourquoi je tremblais ce matin-là lorsque Alain Paris me tendit un petit morceau de papier arraché à une page de cahier soigneusement plié sur lequel, d'une écriture tremblante, Martine avait écrit : « Oui. »*

*Cinquante ans plus tard, j'en frissonne encore d'émotion.*

*Que ceux qui pensent que ce que je viens de raconter n'est qu'une amourette insignifiante continuent à lire les ouvrages de messieurs Musso et Levy.*

*Mais que ceux qui savent qu'à 14 ans un petit morceau de page de cahier sur lequel une amoureuse a écrit un mot constitue un moment d'éternité me suivent, ils méritent de visiter la chapelle Sixties.*

*Ce livre est évidemment dédié à Martine Paris.*
*Que je ne revis plus jamais.*

*Une génération était sur un bateau*
*et les Beatles crièrent « Terre ! » les premiers !*
Mick Jagger

# 1
# Au début

Au début, il n'y avait rien.

Et nos enfances passaient à Argenteuil tandis que nos parents achetaient leurs premières télés Radiola, s'équipaient de compteurs bleus, mettaient des tigres dans le moteur de leurs DS19 et écoutaient le général de Gaulle, qu'ils appelaient « le Grand Charles », parler de l'autodétermination en Algérie.

Nous avions juste 10 ans et, dans nos chambres aux murs couverts de photos de footballeurs, nous faisions rouler nos Dinky Toys sur les cosy-corners qui encadraient nos lits d'enfants. Toute notre vie tenait dans ces meubles sur les étagères desquels on trouvait *Spirou* et *Le Grand Meaulnes*, une statuette de métal représentant un footballeur effectuant un retourné, trophée reçu lors de la finale de la coupe du Val-d'Oise benjamins, un livre de catéchisme sur la couverture duquel un copain avait cru bon de doter le Christ d'une bite énorme, quelques figurines Mokarex, une maquette de Spitfire et un poste à transistors de marque Pizon Bros grâce auquel nous écoutions « Salut les copains ». Mais c'est dans la niche fermée à clé que nous cachions nos trésors : le chouchou d'une amoureuse, notre journal intime, la monnaie des courses qu'on n'avait pas rendue à nos grand-mères, la photo d'une fille aux seins nus en pleine page arrachée au magazine *Lui* dans la librairie du père Gavrelle et le petit papier plié en quatre sur lequel Martine Paris avait écrit : « Oui. »

Au début, il n'y avait rien.

Et nos enfances passaient à Argenteuil tandis que les radios de nos cosy-corners diffusaient la musique qu'aimait la France en ce temps-là. Sacha Distel et son hymne aux pommes, aux poires et aux scoubidous, Bourvil et sa « Salade de fruits », à laquelle il promettait de plonger tout nu dans l'océan, pour lui ramener des poissons d'argent, et Annie Cordy, qui avait adapté la marche militaire du film *Le Pont de la rivière Kwaï*, dans lequel des Japonais cruels laissaient mourir des soldats anglais en plein soleil. L'adaptateur français n'avait semble-t-il pas totalement perçu toute la tragédie du film puisqu'il en fit pour Annie Cordy une chanson joyeuse et primesautière intitulée « Hello le soleil brille ».

L'époque était à l'exotisme. Aux exotismes, devrais-je dire. Tout d'abord, les rythmes sud-américains façon El Gringo de Jacques Vabre interprétés par Dario Moreno, Turc adipeux à la fine moustache qui jouait au Sud-Américain d'opérette, moitié général Alcazar, moitié Zaza Napoli de *La Cage aux folles* en chantant « Si tu vas à Rio ». C'était, paraît-il, la chanson préférée du général de Gaulle, au point qu'un soir où il recevait une délégation brésilienne à l'Élysée, il glissa à l'oreille de l'ambassadeur de France qui repartait au Brésil le lendemain : « Puisque vous retournez à Rio, surtout, n'oubliez pas de monter là-haut. » L'autre fut saisi de panique car, le Général n'étant pas ce qu'on appelle communément un joyeux drille, il pensa qu'il s'agissait d'une phrase codée et que le Grand Charles, comme l'appelaient les prolos, lui confiait une mission d'espionnage. Alors, le plus sérieusement du monde, il répondit au chef de l'État en claquant les talons : « Comptez sur moi, mon général, j'irai là-haut, pour la France. »

Le Mexique était également à l'honneur avec le triomphe du Mexicain basané de Marcel Amont, dont on remarquera la finesse de la caricature. En ces temps-là, où le politiquement correct n'existait pas, le Mexicain n'était qu'une grosse feignasse allongée sur le sol, le sombrero sur le nez, en guise, en guise, en guise (oui, là, il fallait remplir) de parasol.

Le continent sud-américain n'avait pas le monopole de l'exotisme. À cette époque où les Français partaient en congés payés dans une pension de famille à Saint-Brévin ou chez une tante à Limoges, l'Italie, l'Espagne et la Grèce faisaient rêver et nos parents fantasmaient sur le « Gondolier » de Dalida, « Les enfants du Pirée » de Melina Mercouri et l'Espagne de Gloria Lasso.

Les radios de nos cosy-corners exaltaient également une nostalgie colonialiste dont le chantre se nommait Bob Azzam. Bob Azzam ! La simple lecture des titres des tubes pseudo-arabisants de cet artiste inoubliable vous donnera une idée assez précise de son œuvre. Le plus connu fut sans doute : « Fais-moi du couscous, chéri », dans lequel Bob Azzam chantait :

*J'ai une jolie femme dont je suis épris,*
*Mais voilà le drame, elle se lève la nuit,*
*Sortant de sa chambre à peine vêtue,*

*Elle se frotte le ventre, et me dit d'une voie menue:*
*« Fais-moi du couscous, chéri, fais-moi du couscous. »*

Un autre de ses chefs-d'œuvre s'intitule « C'est écrit dans le ciel ». Dans cette chanson, Bob Azzam, faisant preuve d'une audace inouïe, se révèle comme une sorte de Stockhausen de la chanson populaire et, tel André Breton faisant exploser l'académisme littéraire, il pulvérise les codes en usage en matière de rime musicale. Je vais être un peu long, un peu didactique, mais je vous prie de considérer cette analyse de l'œuvre de Bob Azzam comme une *master class* à l'issue de laquelle, d'un point de vue culturel, rien pour vous ne sera plus jamais comme avant.

Si l'on analyse le texte de « C'est écrit dans le ciel », on constate qu'à partir d'une idée de base classique, celle de l'homme amoureux qui promet monts et merveilles à sa dulcinée, Bob introduit une dimension mystique puisque chacun de ses serments est ponctué par des chœurs qui lui répondent: « C'est écrit dans le ciel. » On sent bien là, dans cette intrusion divine, l'influence de l'art arabo-musulman dans lequel Bob baigna pendant sa jeunesse oranaise, plus précisément d'un tableau accroché au mur du salon de sa tata Zeitoun, intitulé *Le Marchand d'olives de Tizi-Ouzou*, où l'on voyait un homme à genoux devant sa charrette débordant d'olives invendues, levant les bras vers le ciel pour implorer la venue de clients. Le peintre, pour représenter la présence divine, a peint le soleil sous la forme d'une olive géante, symbole céleste mettant en relief la condition misérable de l'humain sur la Terre. Le texte de la chanson de Bob est donc constitué, comme le tableau de tata Zeitoun, d'une part, d'une litanie de promesses d'un misérable humain et, d'autre part, d'une réponse divine des chœurs féminins symbolisant une armée d'anges. « Mais où est l'audace ? me direz-vous. Tout cela reste très conventionnel. » Eh bien, après la promesse « Tu auras la télévision », Bob Azzam passa des nuits de tourments à chercher en vain une rime à « télévision » et il décida de remettre en cause les règles de base de la métrique puisqu'il n'hésita pas à enchaîner en écrivant : « Et le manteau de *vision* » (les chœurs confirmant sans ciller que le « manteau de vision » était bien écrit dans le ciel) !

Voici donc, afin que vous en perceviez la substantifique moelle, le quatrain entier extrait du texte de la chanson :

*Tu auras la télévision*
*(C'est écrit dans le ciel)*
*Et le manteau de vision*
*(C'est écrit dans le ciel).*

Je vous avais prévenu, on n'en sort pas indemne.

Avec « Mustapha », plus connu sous le titre « Chérie, je t'aime, chérie, je t'adore », Bob Azzam s'impose comme le successeur de Goethe en matière de métaphore puisqu'il écrit : « Chérie, je t'aime, chérie, je t'adore, como la salsa de pomodoro » (« comme la sauce tomate », donc). On notera l'audace que constitue le passage soudain du français à l'italien, et soudain nous basculons dans le bel canto, c'est Verdi à Bab el-Oued. Mais Bob Azzam, surnommé, rappelons-le, « l'Intrépide de la chanson », dans une ultime audace, enchaîne dans une troisième langue :

*Anavaé badia Mustapha ça va chérim faila attaarim*
*Eronquerim matché éma hatchim.*

On ne sut jamais quel était ce dialecte étrange ; plusieurs écoles s'affrontent à ce sujet, d'aucuns prétendant qu'il s'agit d'arabe ancien, d'autres d'hébreu, d'autres encore évoquent un dialecte du Sud oranais, certains affirment même qu'il s'agit d'araméen.

Au début, il n'y avait rien, et nos enfances passaient en écoutant François Deguelt, Marie-Josée Neuville et

Les Compagnons de la chanson. Nos parents « prenaient » Radio Luxembourg, comme ils disaient. La mode radiophonique était aux émissions de chansons à la demande que des jeunes filles dédiaient à leurs amoureux éloignés pour cause de guerre d'Algérie. J'ai encore dans la tête la litanie des dédicaces, tous ces Michel, soldats au deuxième régiment d'infanterie de marine en Algérie, à qui l'on dédiait « Les fiancés d'Auvergne », par André Verchuren, de la part de sa petite Mireille qui lui écrivait : « Garde le moral, Michel que j'aime, car tu sais que, comme dans la chanson, nous nous marierons au prochain printemps. » Tous ces Jean-Claude, soudeurs ou chaudronniers, partis travailler plusieurs mois sur les chantiers de construction du pont de Tancarville ou du quartier de La Défense, à qui des Christiane, leurs petites Chris qui les attendaient dans le Cher ou les Deux-Sèvres, dédiaient « Verte campagne », des Compagnons de la chanson, pour leur rappeler la maison où allait bientôt naître leur enfant. Tous ces Daniel qui dédiaient « Le ciel, le soleil et la mer » de François Deguelt à des Viviane d'un été, en ajoutant : « En souvenir de nos "je t'aime" échangés aux Sables-d'Olonne, j'espère recevoir bientôt de tes nouvelles. »

Nos parents possédaient quelques disques « utilitaires », destinés à « mettre de l'ambiance » lors des réveillons et des anniversaires. Des 33 tours sur les pochettes desquels on voyait un couple danser à la lueur de la flamme irisée d'une bougie ou à travers les bulles d'une coupe de champagne posée au milieu de cotillons. Ces disques reprenaient les succès du moment interprétés par les grands orchestres de variétés de l'époque. Mes parents étaient très fiers de leur meuble consacré à la musique, constitué d'une grosse radio dont le dessus se soulevait, faisant apparaître un « pick-up ». Au-dessous, deux étagères sur lesquelles des porte-disques présentoirs en métal doré accueillaient les vinyles. Les 45 tours sur la première étagère, les 33 tours en dessous. À la mort de ma mère, j'ai récupéré ces disques : *Franck Pourcel vous invite à danser*, *Rêvons par Sentimental Trumpet*, *Surprise-partie avec Helmut Zacharias* et *Musique en fêtes avec Pierre Spiers*, un harpiste adipeux qui envahissait les écrans télé à Noël. Ma mère adorait Pierre Spiers, elle le trouvait follement romantique et me balança une gifle lorsque, à la vue d'un gros plan sur les doigts du musicien qui caressaient les cordes de sa harpe, je me suis exclamé : « On dirait des boudins blancs de Noël ! » Et puis, incongru au milieu de ces disques à danser, un Bécaud. « Le jour où la pluie viendra ». Ma mère adorait cette chanson qu'elle écoutait en doublant la voix de Bécaud. Trente ans plus tard, j'ai passé une nuit entière dans un studio d'enregistrement avec Gilbert Bécaud, pour qui j'avais écrit une chanson. Derrière la vitre de la régie, je l'ai regardé chanter et, au son de cette voix que j'avais tant entendue en duo avec celle de ma mère, et qui, cette fois-ci, chantait mes mots, je n'ai pu retenir mes larmes. Nous nous séparâmes à l'aube, dans le parking du studio, en échangeant une étreinte chaleureuse. Il me dit : « On a bien travaillé, maintenant il faut dormir. » J'ai le souvenir des feux arrière de sa Mercedes disparaissant dans le petit matin. Sur le périphérique, je ne cessais de penser : « Putain, Bécaud a chanté mes mots. » J'allais me coucher et j'avais le sentiment d'être le roi de la ville qui s'éveillait.

Au début, il n'y avait rien, et nos enfances passaient. Pendant ce temps, aux États-Unis, un type beau comme un dieu était venu à la télé onduler des hanches en chantant :

*Well, it's one for the money,*
*Two for the show,*

*Three to get ready,*
*Now go, cat, go.*

Comme toujours, les vieux cons protestèrent au nom de l'ordre moral, chaque époque a les Christine Boutin qu'elle peut, mais ce rejet des notables eut pour conséquence de donner une aura de rebelle à Elvis, et comme à la fin de l'enfance, tout le monde est rebelle... Euh, sauf Laurent Romejko, qui fut toujours vieux. On pardonnera cette incise, mais cet homme est hallucinant. C'est Brel à l'envers, qui disait : « Il me fallut bien du talent pour être vieux sans être adulte. » Romejko, c'est : il me fallut aucun talent pour être adulte sans être vieux.

Quoi qu'il en soit, aux États-Unis, une génération entière s'identifia à Elvis. Les sixties étaient nées.

# 2
# Argenteuil

Au début, il n'y avait toujours rien, et nos enfances passaient. Car, à Argenteuil, nous ne connaissions pas Elvis Presley. Mais un jour, à la télé, dans une émission d'Aimée Mortimer qui s'appelait « Paris-Cocktail » (déjà... rien que ce titre, « Paris-Cocktail », donne une idée de la télé de l'époque), après que René-Louis Lafforgue eut chanté « Julie la rousse », on vit arriver un jeune garçon timide, parrainé par Line Renaud qui le présenta comme un jeune Américain et qui se mit à chanter :

*Tout autour de nous, les gens sont jaloux*
*Et ils me reprochent surtout*
*D'avoir pour toi des yeux trop doux*
*Et de t'aimer follement, mon amour,*
*De t'aimer follement nuit et jour.*

Nous connaissions déjà cette chanson interprétée par Dalida, et dont il faut bien dire, objectivement, que le texte était particulièrement inepte, mais le jeune type chantait avec une telle sensualité, un tel enthousiasme, et cette façon unique de remonter dans les aigus en fin de phrase pour finir le « our » d'« amour » dans un hoquet, que, sans comprendre pourquoi, on sut tout de suite qu'il était l'un de ceux qu'on attendait...

Dans les semaines qui suivirent, toute une génération demanda à ses parents de lui acheter un disque de Johnny Hallyday. Et ce disque, qui devint son premier tube, c'était « Souvenirs, souvenirs ».

Aussi incroyable que ça puisse paraître, ce premier succès d'une musique nouvelle exaltait la nostalgie !

Ensuite, tout alla très vite... Johnny fit sa première grande salle en se produisant à l'Alhambra, à Paris, en première partie de Raymond Devos. Philippe Bouvard, qui faisait partie de ceux que les jeunes appelaient « les croulants » et qui était, il y a soixante-cinq ans, beaucoup plus vieux dans l'âme qu'aujourd'hui, ricana de ce chanteur qui se roulait par terre en hurlant « yé-yé ! », assimila son public à ces voyous qu'on appelait les blousons noirs, et trouva à ces contorsions des allures simiesques. Simiesque dans son esprit signifiait rapport au singe et non à Sim qui, lui, justifia son nom en faisant le singe pendant des décennies aux « Grosses têtes », dont je fais partie aujourd'hui, c'est vous dire à quel point la roue a tourné.

Vous l'avez compris, une musique nouvelle, des jeunes qui se reconnaissent à travers elle en s'appelant « les copains » et se rebellent contre les adultes qui méprisent cette musique et qu'aussitôt ils nomment « les croulants » en signe de révolte (oui, je sais, c'est relativement limité comme révolte).

Quoi qu'il en soit, toutes les conditions étaient réunies pour que l'histoire commence...

# 3

# Arts ménagers

Décembre 1965. Le gérant du magasin Toutelec à Argenteuil se considérait comme un visionnaire en matière de progrès technique. Le « monsieur de chez Toutelec », comme l'appelait ma mère, était un poujadiste à fine moustache vêtu d'une blouse blanche en nylon et viscose, avec une poche sur la poitrine laissant apparaître le haut d'un stylo quatre couleurs en métal argenté qui lui conférait une indéniable compétence. Il ponctuait chacune de ses affirmations d'un « faites-moi confiance » qui imposait le respect. C'est chez lui que mes parents avaient acheté le meuble radio pick-up évoqué plus haut mais, en cet hiver 1965, l'affaire était autrement sérieuse, car s'ils s'étaient rendus chez Toutelec, c'était pour y acquérir notre première télévision. Pour l'occasion, mes parents s'étaient habillés « en dimanche », ce qui donne une idée de l'importance de cet achat. En ce milieu de décennie, de nombreux foyers s'équipaient pour la première fois de téléviseurs, et monsieur Toutelec, habitué à voir ses clients intimidés, les rassurait en leur parlant comme s'il procédait à un dépucelage audiovisuel. Quand mes parents bredouillèrent : « On voudrait voir pour une télévision », il leur déclara d'entrée : « Bon, faites-moi confiance, ça va bien se passer. D'abord, il faut savoir que les Philips et compagnie, c'est fini, tout ça. Il vous faut une marque d'avenir. Pour une radio, tapez plutôt dans le Pizon Bros, pour une télé, dans du Ribet Desjardins ou du Grandin et pour un frigo, l'avenir, c'est Frimatic. » Il leur montra quelques modèles sans grande conviction puis s'approcha de ma mère et se mit à lui parler doucement comme s'il lui confiait un secret : « Ou alors, évidemment, il y a le signe extérieur de richesse. » C'était une expression à la mode dans les années 1960, les signes extérieurs de richesse. Il faut dire que l'ambition de la génération qui avait vécu son adolescence dans les privations de la guerre, c'était de grimper à l'échelle sociale pour consommer et, surtout, montrer aux autres qu'on avait les moyens de le faire. Les codes de la réussite tenaient en deux phrases : « passer cadre » et montrer « des signes extérieurs de richesse ». Aussi, lorsque le monsieur de chez Toutelec prononça cette expression magique, mes parents frissonnèrent, d'autant qu'il ajouta : « Pour des gens de votre qualité, je viens de recevoir la télévision de l'an 2000. Venez voir, je ne la mets pas en exposition dans le magasin pour ne pas que n'importe qui la tripote. » Il les entraîna dans l'arrière-boutique et, comme s'il dévoilait une œuvre d'art, il tira un drap anti-poussière qui laissa apparaître une chose incroyable. Un téléviseur au design pseudo-futuriste qui ressemblait à un robot, perché sur des pieds en acajou à roulettes dorées. Le monsieur Toutelec annonça fièrement : « Et voilà, Téléavia Panoramic P111, le Spoutnik des télés ! »

On a du mal à concevoir à quoi ressemblait ce truc. Mais l'actualité nous offre parfois des madeleines de Proust inattendues, et l'image de cette télévision m'est revenue lorsque j'ai vu les photos volées de François Hollande allant rejoindre Julie Gayet. Avec son casque intégral et son allure désynchronisée, Hollande constituait le sosie parfait de la Téléavia Panoramic P111.

Je ne sais pas comment mes parents eurent l'audace d'acheter cette chose qui valait 6 000 nouveaux francs. Je me souviens que le monsieur de Toutelec faillit commettre une boulette en disant : « La P111, c'est la télé des intrépides. » Le mot leur fit peur, eux qui tenaient à tout prix à être conformistes, au point que ma mère exprima alors une inquiétude surréaliste. Rappelons qu'à cette époque, en décembre 1965, la France vivait sa première campagne électorale pour l'élection du président de la République au suffrage universel et que le public suivait assidûment les prestations télévisées des candidats, de Gaulle, bien sûr, Mitterrand, Lecanuet, qui s'était fait blanchir les dents pour qu'on le surnomme « le Kennedy français », et un type de Sannois, un hurluberlu nommé Marcel Barbu qui pleurait à la télé. De nombreux Français achetèrent leur première télé pour suivre cette campagne télévisée et c'est sans doute pour cette raison que ma mère demanda à M. Toutelec : « Vous êtes sûr que cette télévision n'est pas trop extravagante pour regarder le Général ? »

Lorsque le monsieur de Toutelec vint installer la télé, il passa un temps infini à régler la mire. La mire ! Une image fixe en noir et blanc, évidemment, au centre de laquelle on voyait la statue des Chevaux de Marly, entourée de damiers et de cercles ponctués de chiffres et de figures ressemblant à des codes barres que seul un initié comme monsieur Toutelec pouvait comprendre. Après un temps qui nous parut interminable, il sembla satisfait de la qualité de la mire et annonça : « Maintenant, je vais régler les chaînes. » Il insista sur le pluriel car, depuis quelques mois, une deuxième chaîne avait vu le jour et, par conscience professionnelle, il tenait à prérégler les autres boutons de sélection inutiles en disant fièrement à mes parents, « la P111 peut recevoir jusqu'à quatre chaînes ; vous voyez le bouton sur lequel est écrit 3, c'est pour la troisième chaîne, mais ce n'est pas demain la veille, faites-moi confiance ». On vit des striures, des bandes d'images, des zébrures accompagnées de bruits stridents, et puis soudain apparut Micheline Presle. Elle avait laissé brûler le gigot et se faisait engueuler par Daniel Gélin qui recevait son patron à dîner. Ces images de la série « Les saintes chéries » furent les premières que nous offrit la Téléavia Panoramic P111.

Toutelec n'était évidemment pas le nom du propriétaire de ce magasin, le type s'appelait Barthomeuf. Tous les enfants du quartier le surnommaient « Tarte au bœuf » depuis qu'un jour il avait heurté, avec sa frégate, une vache qui traversait l'avenue Jean-Jaurès à Argenteuil où subsistait une ferme au milieu des années 1960.

À ceux qui m'objecteraient que cette anecdote ne présente aucun intérêt, je réponds qu'outre le côté humoristique, car reconnaissez que le jeu de mots Barthomeuf/Tarte au bœuf est irrésistible, les quelques lignes que je consacre à la mésaventure de M. Toutelec fournissent deux informations essentielles sur les sixties. En premier lieu, il existait encore des fermes en banlieue parisienne et, d'autre part, les commerçants roulaient en frégate. Voilà, c'est tout, excusez-moi de vouloir être drôle et exhaustif.

Mais revenons à Toutelec, rue Henri-Barbusse à Argenteuil. C'était un magasin comme on en voyait beaucoup dans les années 1960. On y vendait des ampoules, du fil électrique, des fusibles, mais aussi des robots ménagers, des grille-pain, des machines à laver, des frigos, de gros transistors Pizon Bros, les disques qu'achetaient nos parents, du genre *Surprise-partie avec Caravelli et ses violons magiques*, dont les pochettes étaient scotchées sur la grande vitre du magasin, quelques instruments de musique mineurs, harmonicas, maracas, ocarinas et autres kazoos, mais surtout une magnifique batterie de marque Ludwig qui trônait dans la vitrine. Pour justifier l'éventail et la diversité de son activité, sur l'enseigne de la boutique on pouvait lire : « Toutelec Arts ménagers ». Toutelec, c'était pour le côté high-tech et progrès technologique, et arts ménagers, c'était une référence rassurante au Salon des arts ménagers, une institution qui faisait partie, avec la Foire de Paris, le Salon de l'auto et celui de l'enfance, de ces grand-messes annuelles consacrées à la consommation, où les familles allaient passer les dimanches et d'où elles repartaient avec des cadeaux publicitaires, et des kilos de prospectus. Mais de tous les salons, le préféré de ma mère, c'était celui des arts ménagers, qui au début des années 1960 quitta le Grand Palais pour le CNIT[1] de La Défense, les organisateurs jugeant sans doute que ce tripode de béton symbolisant l'architecture de demain constituait un écrin idéal pour le temple des nouveautés technologiques ménagères.

En ce mois de décembre 1965, la nuit était tombée lorsque nous quittions le collège, et chaque soir, avec mon copain Jean-Pierre, nous nous arrêtions devant le magasin

1. Centre des nouvelles industries et technologies.

Toutelec, et malgré la buée que faisait le souffle de nos nez collés sur la vitrine, nous admirions la batterie d'argent pailletée d'or éclairée au gré des clignotements des guirlandes de Noël dans la vitrine du magasin. Elle ressemblait aux Vierges Marie entourées de petites ampoules qu'on avait vues dans les boutiques à Lourdes lorsqu'on y était allés avec le cathé.

Jean-Pierre était tombé amoureux de cette batterie. Lorsqu'il rentrait chez lui après nos longues pauses devant le magasin Toutelec, il suppliait ses parents de la lui offrir pour Noël. Dans le « On verra » bienveillant de son père, il sentait bien que ses parents avaient déjà décidé de l'acheter mais, chaque soir, il insistait, juste pour le plaisir de parler encore et encore de la batterie Ludwig couleur argent, pailletée d'or.

Une semaine avant Noël, plus précisément le dimanche 19 décembre 1965, eut lieu le second tour des élections présidentielles, dont le premier avait donné lieu à une énorme surprise, puisque contre toute attente le général de Gaulle avait été mis en ballottage.

Les parents de Jean-Pierre, gaullistes convaincus, partirent voter de bonne heure et décidèrent d'en profiter pour s'arrêter au magasin Toutelec, ouvert le dimanche matin en cette période de fêtes, afin de commander la batterie dont rêvait leur enfant. Après une discussion courtoise mais animée avec monsieur Toutelec, ce dernier reprochant pêle-mêle au Général l'abandon des colonies, l'arrivée de Johnny Hallyday et les deux ans d'attente qu'on avait annoncés à sa vieille mère pour « avoir le téléphone », les parents de Jean-Pierre se rendirent au collège de ce dernier où se tenait le bureau de vote. Et c'est là, en traversant la rue, juste devant le collège, qu'une camionnette de livraison des vins Picardy, sur les flancs de laquelle était écrit « Picardy, le fidèle reflet de la vigne », les faucha, les tuant net tous deux.

Le petit Jean-Pierre fut recueilli par sa grand-mère qui vivait dans un pavillon en meulière à La Garenne, et M. Toutelec livra la batterie chez cette dernière qui la fit mettre à la cave et la recouvrit d'un drap.

À partir du jour de la mort de ses parents, Jean-Pierre ne parla plus. À l'école, il s'enfermait dans un mutisme permanent que les professeurs n'osaient profaner, et dès qu'il rentrait chez sa grand-mère, toujours aussi silencieux, il descendait à la cave du pavillon en meulière, enlevait le drap pour découvrir la Ludwig, s'asseyait sur le tabouret aux pieds d'alu de la batterie et la regardait interminablement, jusqu'à ce que pépère Eugène, du haut de l'escalier de la cave, l'appelle pour dîner.

Pépère Eugène.

À Argenteuil, comme dans toutes les villes de la ceinture rouge, nous appelions nos grands-parents « pépère » et « mémère ». C'était un marqueur de la classe ouvrière, comme le sont aujourd'hui les prénoms Kevin ou Ludovic. Au fur et à mesure qu'on se dirigeait vers les banlieues riches de l'Ouest parisien, la façon de nommer les grands-parents évoluait. De Cormeilles-en-Parisis à Conflans-Sainte-Honorine, chez les employés de bureau ou les chefs d'atelier, on disait « mémé » et « pépé », à Maisons-Laffitte, chez les cadres, on appelait ses grands-parents « mamie » et « papy », et à Saint-Germain-en-Laye, chez les riches, on s'offrait le luxe de l'originalité, « mamina » et « papinou ».

En dehors de toute considération sociale, vous aviez les pragmatiques, qui, tenant compte qu'il y a des grands-parents « des deux côtés », les appelaient « grand-mère » ou « grand-père », suivi du prénom. C'était courant dans les familles recomposées, afin d'éviter des conflits du genre :

« Pourquoi de notre côté il dit mémère, et du côté de la pute il dit mamie ? »

Moi, je cumulais famille recomposée et statuts sociaux des grands-parents très différents. C'est pourquoi, du côté de mon beau-père, j'appelais ma grand-mère par alliance, si je puis dire, grand-mère Louise. C'était une femme de l'Est, sévère et rigoureuse, pas le genre mémé-gâteau, et pourquoi l'aurait-elle été avec moi qui n'étais que son beau-petit-fils, aux cheveux longs peroxydés à l'eau oxygénée ? Tout au long des années de vie commune, elle me montra son mépris, mais j'eus ma revanche. J'y reviendrai. Mon beau-père étant veuf lorsqu'il avait rencontré ma mère, j'avais également pour « beaux-grands-parents » les parents de sa femme décédée. On les appelait grand-père Louis et grand-mère Mathilde. Louis n'était pas le vrai prénom de Moshe mais, comme c'était un homme prudent, il avait préféré garder ce prénom qui figurait sur les faux papiers qu'on lui avait fournis pendant la guerre.

Du côté de ma mère, j'appelais ses parents mémé et pépé, et la mère de mon père divorcé, fière de sa condition prolétaire, tenait à ce qu'on la nomme mémère Lucienne.

Je m'aperçois, à l'évocation de mes grands-parents, que le souvenir d'eux qui reste le plus présent à mon esprit, c'est l'odeur de leurs logements, qui indiquait leur statut social tout autant que la façon de les nommer.

Chez mémère Lucienne, ça sentait la bouffe de pauvre, les viandes pas chères qui mijotaient interminablement sur la cuisinière. Chez mémé et pépé, ça sentait le propre et le chat qui dort. Chez grand-mère Mathilde et grand-père Louis, l'odeur de l'encaustique sur leurs meubles anciens me replonge dans l'ennui des repas du dimanche à Colombes. Ils n'avaient pas la télé. Après le gigot, j'allais écouter dans le salon sombre la retransmission des matchs de foot qui se jouaient le dimanche après-midi, commentés par Jacques de Ryswick ou Roland Mesmeur. Quand le Racing jouait à Colombes, j'entendais les clameurs du public tandis que Jacques de Ryswick disait : « Jean-Jacques Marcel... qui cherche un partenaire, démarqué, Jean-Jacques Marcel dans le rond central qui passe à Ujlaki aux prises avec Charles Alfred, qui le dribble et lance Van Sam sur l'aile gauche, Van Sam, Van Sam qui met en retrait pour Roger Marche... » Sur des feuilles de papier, je traçais l'itinéraire du ballon.

Chez grand-mère Louise, ça sentait le propre. Je ne l'aimais pas. Elle était autoritaire et ne montrait aucun signe d'affection. Elle venait de l'est de la France, qui devait ressembler à la Prusse. Elle racontait que, « chez eux », on ne commençait à dîner que lorsque le grand-père ouvrait son Opinel et que, dès qu'il le repliait, les femmes débarrassaient la table. Les suites d'un infarctus la contraignaient à rester dans son appartement de Courbevoie et, chaque jeudi, j'allais à vélo faire ses courses. Elle me méprisait, me faisait sentir que je n'étais son petit-fils que par alliance et que je n'étais qu'un yé-yé qui allait mal tourner. Nos rapports étaient minimalistes. Elle m'ouvrait la porte de son appartement, me tendait une joue dédaigneuse et me donnait sa liste de courses que j'allais faire au magasin Familistère de Courbevoie, sans oublier de demander les points de fidélité qu'elle collait soigneusement sur un carnet qui lui donnait droit en fin d'année à un magnifique lot de cinq torchons de cuisine. Puis, essoufflée par ce simple effort, elle me donnait la clé de son appartement pour ne pas avoir à se relever à mon retour et elle allait s'asseoir dans le fauteuil Everstyl de son salon où elle passait ses journées à lire des bouquins de Cronin et de Somerset Maugham. À mon retour, elle vérifiait soigneusement la monnaie puis, sans bouger du fauteuil, me demandait de ranger les courses dans le frigo et les placards de sa cuisine et de poser le porte-monnaie sur l'étagère de l'entrée, puis me tendait la joue avec dédain pour que je lui donne un baiser d'adieu. Un jour, saisi d'une pulsion, je volai un billet de 10 francs à l'effigie de Richelieu dans le porte-monnaie juste avant de le poser sur l'étagère de l'entrée. Avec l'argent, j'achetai le 45 tours quatre titres du Spencer Davis Group sur lequel figurait « Keep on running » et « When I come home ». Elle s'en aperçut et, le soir même, elle téléphona à mes parents en disant simplement : « Je voudrais vous voir avec Guy. » La salope n'en dit volontairement pas davantage afin que mes parents se demandent quelle abomination j'avais pu commettre, et ils convinrent de se rendre chez elle le samedi suivant en ma compagnie. À leurs « Mais que s'est-il passé avec grand-mère Louise ? », je jouais l'incompréhension mais je lus dans leur regard une terrible menace lorsqu'ils conclurent en disant : « On verra bien samedi... » Je ne dormis pas les deux nuits précédant ce jour fatal... Fatal est le mot qui convient car, au moment où nous nous préparions à partir pour Courbevoie, un gendarme vint sonner au pavillon familial pour nous annoncer que grand-mère Louise avait fait un nouvel infarctus dans la nuit et qu'elle avait été emmenée à l'hôpital Cochin dans un état grave. Nous partîmes pour Cochin où elle était en réanimation, intubée, perfusée, électrocardiogrammisée à un moniteur qui bipait en traçant la courbe de son rythme cardiaque. À notre entrée dans la chambre, elle tourna la tête vers nous au prix d'un effort terrible et, à ma vue, son regard flou se durcit et il me sembla que le bip du moniteur s'accélérait. Elle ne pouvait pas parler et le médecin nous demanda de la laisser se reposer. Mes parents, jugeant qu'il était inutile que j'attende à l'hôpital, me ramenèrent à la maison où je regardai la finale de la coupe de France opposant Rennes à Sedan en me demandant si elle allait leur parler de mon vol, mais, lorsqu'ils rentrèrent dans la soirée, je compris à leurs mines défaites qu'elle était morte sans avoir parlé. J'eus un mal fou à cacher ma joie. Mon beau-père lut devant la famille réunie le testament manuscrit qu'elle avait rédigé quelques mois auparavant et dans lequel elle me léguait la somme de 1 000 nouveaux francs. Il s'exclama : « Elle est bien généreuse, mais qui va payer les obsèques ? » Moi, ce fut moi qui les payai avec les 1 000 francs de l'héritage. J'avais beaucoup culpabilisé pour les 10 francs que j'avais volés à grand-mère Louise. Mes parents ne culpabilisèrent absolument pas de m'avoir volé 1 000 francs. Ce jour-là, j'ai grandi d'un coup.

Revenons à mémère Huguette et pépère Eugène, les grands-parents de mon copain Jean-Pierre. Ils pensèrent que ça ferait peut-être du bien au « pauvre petit » d'apprendre à jouer de la batterie et ils l'inscrivirent aux cours d'un professeur nommé Jo Pucheu, qui leur sembla particulièrement qualifié puisqu'il avait accompagné sur scène lors de son passage à l'Alhambra Maurice-Chevalier Colette Deréal, dont ils adoraient la chanson « À la gare Saint-Lazare » car c'est là, salle des pas perdus, qu'Eugène avait abordé Huguette en lui demandant si elle savait de quelle voie partait le train pour Argenteuil. Elle lui avait répondu : « Je vais aussi à Argenteuil, suivez-moi. » Depuis, il n'avait cessé de la suivre.

Jean-Pierre accueillit avec indifférence l'annonce de ses cours de batterie et se rendit sans enthousiasme chez Jo Pucheu pour prendre son premier cours. La première leçon consistait à rendre chacune de ses mains indépendante. Jo Pucheu installa Jean-Pierre devant une vieille batterie fatiguée dont la caisse claire avait été percée et réparée avec de l'adhésif, puis il se plaça derrière l'enfant, en lui saisissant les poignets pour le guider, lui faisant frapper alternativement sur la caisse claire, deux coups de baguette de la main droite, puis deux coups de la main gauche.

Quand Jean-Pierre eut compris le mouvement, Jo Pucheu se recula et lui dit : « Maintenant, tu vas faire ça tout seul, deux coups main droite, deux coups main gauche. C'est le b.a.-ba de la batterie, on appelle ça le papa-maman. D'ailleurs, pour bien t'imprégner du mouvement, en frappant de la main droite, tu diras "papa", et quand tu taperas de la main gauche, tu diras "maman". »

Jean-Pierre ne réalisa pas tout de suite, mais quand il commença à taper sur la batterie en disant en rythme : « Pa-pa, ma-man, pa-pa, ma-man », de grosses larmes se mirent à couler sur ses joues. Alors il tapa de plus en plus fort sur la caisse claire, en criant de plus en plus fort : « Pa-pa, ma-man, pa-pa, ma-man… » Puis, dans un hurlement de douleur, il renversa la grosse caisse d'un violent coup de pied, dans sa chute, cette dernière entraîna la cymbale dans un bruit d'apocalypse ponctuant le hurlement de souffrance de Jean-Pierre qui s'enfuit en courant et rentra chez ses grands-parents pour aller s'enfermer dans la cave près de sa batterie.

De longs mois passèrent avant qu'il n'ose à nouveau enlever le drap qui la recouvrait. Il restait prostré des heures assis sur le tabouret à regarder l'instrument. Puis, peu à peu, il la caressa, comme pour l'apprivoiser. Un jour, enfin, il prit une baguette dont il donna un léger coup sur la cymbale et finit par s'asseoir sur le tabouret aux pieds d'aluminium. À partir de ce jour, et pendant des mois, il apprit seul à jouer de la batterie, sans jamais refaire l'exercice « pa-pa, ma-man ».

Dans les années 1970, Jean-Pierre devint le meilleur batteur de sa génération, fit partie de groupes mythiques mais, avec le temps, sa cote déclina. Des boîtes à rythme remplacèrent les batteurs et, la dernière fois où je l'ai vu jouer, il y a une dizaine d'années, c'était à la brasserie L'Alsace sur les Champs-Élysées où, coiffé d'un chapeau tyrolien orné d'un blaireau et vêtu d'une culotte de cuir bavaroise, il accompagnait à la batterie un orchestre qui jouait des airs alsaciens à des Japonais qui bouffaient des huîtres en buvant du gewurzt.

Un soir où l'orchestre jouait « Frida Oum Papa », il s'est effondré sur sa batterie. Des Japonais ont rigolé, croyant à un gag. C'était un infarctus. Comme si son cœur n'en pouvait plus d'entendre dans ses battements « pa-pa, ma-man, pa-pa, ma-man »...

# 4
# Blousons noirs

*Dress code* des jeunes des sixties en « rébellion » contre la société.

Le blouson noir symbolisait la « fureur de vivre » et faisait partie des symboles qui l'incarnaient : la moto, les tatouages et le rock'n'roll.

À l'origine, seuls ceux qui voulaient ressembler à James Dean et à Marlon Brando adoptèrent ce blouson que leurs idoles portaient dans les films. Il s'agissait d'un modèle perfecto de la marque Schott avec un zip croisé sur le devant, des boutons-pression permettant de rabattre le col pour éviter qu'il ne batte dans le vent, une ceinture dans le même cuir que le blouson assurant un ajustement à la taille et, détail essentiel, il était pourvu d'étoiles en métal sur les épaules.

Le blouson noir constituait l'accessoire indispensable qui permettait aux ados en quête de virilité d'imiter leurs idoles dans une posture un peu puérile. D'ailleurs, la plupart d'entre eux ne possédaient pas de Harley mais des mobs orange ou bleues avec des queues de castor de Davy Crockett accrochées au guidon. Ils ne roulaient pas vers la mort mais vers le lycée professionnel où ils préparaient un CAP de charcuterie.

Les médias comprirent très vite qu'ils tenaient avec ces jeunes « rebelles » un sujet vendeur de nature à inquiéter la France gaulliste encore assoupie dans des valeurs vichystes et ils se ruèrent sur ce phénomène. Le blouson noir cessa d'être un vêtement pour désigner de façon péjorative et anxiogène ceux qui le portaient, faisant de ces derniers des voyous inquiétants qui écoutaient Dany Boy et ses Pénitents et se voulaient inquiétants avec leurs cagoules noires, mais étaient bien plus cul-cul que Ku Klux Klan, se battaient à coup de chaîne à vélo et roulaient « vers la mort » en vélosolex ! Alors, comme disait Roger Gicquel, la France eut peur des Blousons noirs. Elle en oublia ses angoisses collectives de l'époque, le péril jaune chinois et les communistes le couteau entre les dents, et Édith Piaf, qui s'était fait une spécialité de chanter les amours sans espoir de femmes pour des héros virils voués à une mort violente et qui avait fait un succès avec « Mon légionnaire », le héros qui aimait la guerre, qui sentait le sable chaud, qui l'aima toute une nuit avant de partir vers un destin tragique, actualisa le thème du héros shakespearien devenu blouson noir dans « L'homme à la moto » :

*Il portait des culottes, des bottes de moto,*
*Un blouson de cuir noir avec un aigle sur le dos.*
*Sa moto qui partait comme un boulet de canon*
*Semait la terreur dans toute la région.*

Cette incroyable campagne de presse porta ses fruits : elle transforma en Marlon Brando des boutonneux qui roulaient en mob vers le lycée professionnel et fit des Blousons noirs les racailles des sixties.

« Tu finiras Blouson noir... comme Johnny Hallyday ! » constitue sans doute la phrase que j'ai le plus entendue à cette période de mon enfance. Nos parents balançaient cette expression censée nous mortifier à chaque fois qu'ils voulaient marquer la honte, l'ignominie ou la déchéance de la jeunesse et nous l'assénaient pour des bonbons volés chez la boulangère, une leçon mal apprise ou une chambre mal rangée.

Johnny incarnait l'image du Blouson noir. Il chantait « Si vous cherchez la bagarre, vous êtes venu à la bonne place » et, lors de son premier Olympia, se battait sur scène dans une chorégraphie grotesque. Il s'agissait bien sûr d'un coup de ses producteurs, Johnny n'étant pas plus blouson noir qu'il ne fut hippie, plus tard, lorsqu'on lui colla des fleurs dans les cheveux et que Philippe Labro lui écrivit : « Jésus-Christ est un hippie ».

Pour être plus précis, mes parents, persuadés que Hallyday était un vrai voyou, me lançaient : « Tu finiras Blouson noir, comme Johnny Holliday », car les adultes qui ne l'aimaient pas disaient « Holliday », comme ceux qui n'aimaient pas Mitterrand disaient « Mitran », ou les anti-européens prononcent « Mastrique ».

Quelques mois plus tard, ils remplacèrent cette phrase leitmotiv par : « C'est pas les Beatles qui te nourriront plus tard. » Nous en reparlerons. Puis, voyant que j'écoutais toutes les musiques et plus généralement tout ce qui sortait de la radio lovée dans mon cosy-corner, ils finirent par me dire : « C'est pas la radio qui te nourrira plus tard. » Là, ils avaient tort.

Pour être exhaustif, un mot sur les « Blousons dorés », autre fantasme de la presse pour désigner la délinquance des beaux quartiers. Délinquance est un mot excessif puisqu'il s'agissait de jeunes types vêtus de blazers de yachtmen avec des écussons en fil d'or qui conduisaient des voitures de sport anglaises en gants de pécari coupés à la dernière phalange, avec des filles assises sur la carrosserie à l'arrière de la voiture et que nous croisions au drugstore des Champs-Élysées.

Le drugstore des Champs-Élysées ! Le dimanche après-midi, après le ciné, nous y emmenions nos amoureuses de collège en jouant les habitués, mais nous étions autant impressionnés qu'elles par la déco métallique façon Paco Rabanne, le luxe des boutiques de disques, de polos Lacoste, de peluches marrantes et de gadgets, les lumières tamisées orange, « Days of Pearly Spencer » en fond sonore et par ces filles sublimes en cuissardes et minijupes, sosies de Jane Birkin, qui nous servaient des glaces sophistiquées et colorées surmontées d'un petit parapluie japonais en crépon planté dans la chantilly. Un de ces dimanches, dans le cadre de mon rituel de séduction, après avoir vu au Gaumont Champs-Élysées *West Side Story*, j'emmenai au drugstore ma fiancée du moment, Martine Hernandez, celle-là même que nous surnommions Toutoune et qu'Alain Chamfort m'a volée (cf. « Boums »). Elle portait des bottes Courrèges dont c'était la grande mode cette année-là... Enfin, elle portait des bottes blanches à lacets, dites bottes Courrèges, achetées au magasin André de la rue Paul-Vaillant-Couturier à Argenteuil. En entrant dans le drugstore, nous croisons trois Blousons dorés et j'entends nettement l'un d'entre eux qui portait une chemise à jabot et un catogan balancer : « Décidément, même les boniches portent des bottes Courrèges maintenant. » Je venais de voir *West Side Story*. Je n'étais pas George Chakiris, mais il y avait quelque chose de *West Side Story* dans la façon chorégraphique dont je fis demi-tour pour l'attraper par le jabot, l'attirer contre moi et lui balancer un coup de tête qui lui fit exploser le pif et les Ray-Ban. Tétanisé, il resta un moment immobile en cachant son visage dans ses bras, je pensais qu'il était tétanisé par la peur mais, lorsque je hurlai « Regarde-moi ! » et qu'il releva la tête, je vis dans son regard, débarrassé des Ray-Ban, qu'il souffrait d'un strabisme prononcé que la peur accentuait sans doute. Afin que ma victoire soit complète et sa déchéance totale, je m'exclamai : « Ah, la vache, il est bigleux ! », et tous ceux qui s'étaient attroupés autour de nous éclatèrent de rire, trop contents d'assister à la déchéance d'un nanti. Les flics m'ont emmené au commissariat près du Grand Palais, mais le type ne voulut pas porter plainte. « Tu as de la chance », me dit le flic qui tapait de deux doigts ma déclaration. C'était le fils d'un important notable munichois. La Bavière, la chemise à jabot, la suffisance aristocratique, le strabisme caché par des lunettes noires et cette réflexion sur les petites gens pleine de morgue et de mépris, avec le recul, je me demande si je n'ai pas pété le pif de Karl Lagerfeld.

Sur le plan vestimentaire, justement, le blouson doré en tant que vêtement n'a jamais existé. En tout cas, je n'en ai jamais vu. Peut-être Michou en a-t-il porté un dans sa jeunesse, et encore.

# 5

# Bougnouls, crouillats, melons et bicots

Les sixties ne furent pas la décennie paradisiaque que d'aucuns s'imaginent. Et si ceux qui ont vécu cette époque vous en donnent l'impression, c'est qu'ils regardent ces années-là depuis leur soixantaine, et le bonheur qu'ils regrettent, c'est celui de leurs 10 ans.

Parenthèse enchantée de l'histoire, mon cul, oui ! L'époque était terriblement anxiogène. La planète vivait dans la terreur d'un affrontement entre les États-Unis et l'URSS, prêts à tout pour imposer leur système de société et à agrandir leur zone d'influence. En Afrique, les deux blocs apportaient leur soutien militaire ou économique à des dictatures nées de la décolonisation. En Afrique et en Amérique du Sud, ils offraient leurs services au moindre général Alcazar de république bananière. Ils se combattaient en Asie par Corée puis par Vietnam interposés, et en Europe, ils érigèrent un mur entre leurs modèles de civilisation. On appela cet antagonisme la guerre froide. Une guerre froide qui connut de sacrées bouffées de chaleur. On frôla juste la fin du monde nucléaire lorsqu'un avion espion américain photographia des rampes de missiles installées à Cuba et pointées vers les États-Unis, tandis que 26 navires soviétiques s'apprêtaient à débarquer à La Havane des ogives nucléaires. On évita la guerre nucléaire, car chacun des deux protagonistes possédait un arsenal atomique capable de faire sauter vingt fois la planète et savait que toute attaque entraînerait aussitôt une riposte équivalente signifiant la fin des deux nations et une apocalypse mondiale. De cet équilibre de la terreur créé par les armes de dissuasion naquit ce qu'on appela la détente, symbolisée par l'installation d'un téléphone rouge avec une ligne directe entre la Maison-Blanche et le Kremlin grâce à laquelle Khrouchtchev et Kennedy pouvaient se joindre à tout moment.

Mais il y avait tant d'autres peurs. Aux États-Unis, on assassinait à tour de bras. À cinq ans d'intervalle, John Kennedy, son frère Robert, candidat à la présidence en 1968, et Martin Luther King furent abattus. En Afrique, le Congo belge était à feu et à sang et le conflit du Biafra fit 2 millions de victimes. Tandis que les États-Unis balançaient du napalm sur le Vietnam, les chars communistes écrasaient le printemps de Prague. Au Moyen-Orient, même s'il ne dura que six jours, le conflit entre Israël et ses voisins annonçait une guerre de cent ans. La terrifiante révolution culturelle chinoise initiée par Mao et mise en place par les gardes rouges tournait au génocide et, même si les 700 millions de Chinois faisaient rire Dutronc, ils nous inquiétaient comme ils inquiétaient Alain Peyrefitte, ministre de l'Information (ahahahahah !) qui, à ses heures perdues, avait écrit un pavé de cinq cents pages intitulé *Quand la Chine s'éveillera.* (Ses heures perdues étaient nombreuses car, ministre de tutelle d'une télé et d'une radio publiques totalement muselées et soumises au pouvoir, l'essentiel de sa tâche consistait à signer les lettres de licenciement des collaborateurs de la RTF à la moindre velléité d'audace.)

Le début des années 1960, c'est aussi la guerre d'Algérie. La guerre d'Algérie ! Chaque soir, les radios annonçaient les combats du jour comme on donne les résultats des matchs de foot : « Aujourd'hui, accrochage près de Tizi-Ouzou, un soldat français blessé, trente fellaghas abattus, cinquante fusils-mitrailleurs saisis. » Moi, allongé sur le carrelage de la cuisine, je rejouais les « accrochages » avec mes soldats Starlux. Comme je ne possédais que des cow-boys et des Indiens, ces derniers jouaient le rôle des fellaghas et je les projetais en l'air en leur balançant des billes. La radio annonçait toujours des victoires françaises mais pourtant, même à 10 ans, on sentait bien qu'on « allait perdre l'Algérie ».

À l'école primaire, le maître nous avait expliqué que « la décolonisation allait dans le sens de l'histoire ». À l'un d'entre nous qui avait demandé ce qu'il voulait dire, il avait répondu : « Parce que les Gaulois ne sont pas les ancêtres des Sénégalais. » Déjà, sur les grandes cartes cartonnées au mur de la classe, les grandes zones colorées symbolisant l'AOF (Afrique occidentale française) ou l'AEF (Afrique équatoriale française) étaient caduques. Mais il était bien plus facile de décoloniser les pays d'Afrique noire que les colonies du Maghreb, où la communauté française était nombreuse et solidement établie. De plus, de Gaulle leur avait fait croire que rien ne changerait le jour où, du balcon du gouvernement général, sur la place du Forum, il leur avait balancé un « Je vous ai compris » qu'ils prirent pour une volonté de garder l'Algérie française.

Mais quelques généraux conscients que ce « Je vous ai compris » ne signifiait pas « Je vais vous aider » décidèrent de prendre le pouvoir en Algérie et de faire de même avec la métropole, en promettant d'envoyer les parachutistes sur Paris.

Les jours qui suivirent, pendant la récré dans la cour du collège Paul-Vaillant-Couturier, tous les élèves scrutaient le ciel avec angoisse. Comme leurs parents, ils se demandaient si l'armée allait obéir aux ordres de ces généraux, mais deux jours plus tard, le 23 avril 1961, de Gaulle apparut à la télévision en uniforme de général et balança une allocution de six minutes vingt-trois secondes qui restera comme un chef-d'œuvre et commençait ainsi : « Un pouvoir insurrectionnel s'est établi en Algérie par un *pronunciamiento* militaire. [...] Voici que l'État est bafoué, la Nation bravée, notre puissance dégradée, notre prestige international abaissé, notre rôle et notre place en Afrique compromis. Et par qui ? Hélas ! Hélas ! Hélas ! Par des hommes dont c'était le devoir, l'honneur, la raison d'être de servir et d'obéir. Au nom de la France, j'ordonne que tous les moyens, je dis tous les moyens, soient employés partout pour barrer la route à ces hommes-là, et j'interdis à tout Français et d'abord à tout soldat d'exécuter aucun de leurs ordres. »

Les militaires qui écoutaient cette allocution sur les premiers transistors ignoraient ce que signifiait le mot *pronunciamiento*, mais rien qu'au ton sur lequel le chef de l'État le prononça, et qui laissait présager la tragédie, ils obéirent aux ordres de De Gaulle. Le quarteron de généraux d'une armée sans troupe entra dans la clandestinité pour créer l'OAS, dont les attentats remplacèrent les combats en

Algérie dans nos terreurs enfantines. C'est à cette époque que j'entendis pour la première fois le mot « terroriste » en lisant sur le mur de l'usine Sagem, avenue Jean-Jaurès : « OAS = terroristes ». Le lendemain, on avait rayé d'une croix le mot OAS et on avait tagué FLN à la place.

Les « événements » d'Algérie nourrissaient le racisme. Qu'ils soient marocains ou tunisiens importait peu, les Arabes étaient assimilés aux Algériens, et tous étaient crouillats, crouilles, melons, bicots ou bougnouls. Ma mère trouvait ces qualificatifs humiliants, mais sa façon de me dire « Ne va pas chez les Nord-Africains » avec un mélange de dureté et de mépris dans la voix sonnait d'une façon bien plus vulgaire que lorsque les prolos dans les bistrots parlaient des crouilles.

Oui, dans les sixties, en tout cas à Argenteuil, la plupart des adultes étaient racistes. Un racisme ordinaire, comme une évidence. Un peu comme dans le film *Case départ*, où Fabrice Éboué et Thomas Ngijol retournent dans le passé et se retrouvent au XVII$^{e}$ siècle, esclaves dans une plantation. Ngijol se fait alpaguer par le contremaître qui lui dit : « Au boulot, sale négro ! » Ngijol : « Raciste, va ! Vous me dites ça parce que je suis noir ? » Ce à quoi l'autre répond, en éclatant de rire : « Ben, évidemment que j'suis raciste ! » Et bien évidemment que les Français étaient racistes dans les années 1960, mais ils l'étaient différemment selon qu'il s'agisse des Noirs ou des Arabes. Les Africains faisaient l'objet d'un ostracisme bon enfant, paternaliste, moqueur mais sans agressivité, du genre : « Alors, Blanche-Neige, y a bon Banania ? » ou bien : « Moi, j'les aime bien, les négros, ils sont pas comme nous, forcément, chez eux, ils grimpent encore au cocotier, mais ils sont gentils, hein, Mamadou ? » Les Maghrébins, pour les raisons exposées plus haut, subissaient un racisme méprisant et souvent agressif. On les faisait venir pour bosser en usine. Ils étaient là pour gagner un peu de fric qu'ils envoyaient au bled, alors, tête basse, ils supportaient le mépris. La banlieue parisienne était truffée de bidonvilles sinistres, édifiés dans des zones non constructibles, sur des terrains insalubres, comme celui du Marais, tout près de chez moi. Une succession de cabanes hétéroclites aux murs constitués d'un patchwork de carreaux de plâtre, de briques de mâchefer et de planches de chantier. Au milieu des allées, entre chaque rangée de cabane, coulait un filet d'eaux usées. Nous avions surnommé Venise cet entrelacs de baraques car, après chaque pluie, le bidonville baignait plusieurs jours dans des mares.

Le Marais, c'était l'ancien parc du château de Mirabeau, détruit depuis longtemps. Seule subsistait la porte d'entrée du domaine. Un majestueux portail sous une voûte en pierre de taille, qui de façon surréaliste ouvrait sur le bidonville. Le jour, nous allions à Venise chercher des têtards malgré les « Ne va pas chez les Nord-Africains ! » maternels. La nuit, je tremblais de peur dans mon lit après avoir été réveillé par l'explosion des grenades que l'OAS balançait sur Venise ou les rafales d'armes automatiques du FLN qui passait dans les baraques percevoir l'impôt de la guerre auprès de ces pauvres gars qui, le lendemain matin, après une nuit de terreur, enfilaient leur passe-montagne et allaient pointer chez Dassault en baissant la tête devant l'agent de maîtrise en blouse blanche qui, trois siècles après le contremaître du film *Case départ*, les accueillait à la pointeuse en disant : « Dis donc, toi, le crouille, t'as encore fait la bamboula toute la nuit ! »

Aujourd'hui, à la place du bidonville, il y a une petite cité aux murs bleus bardés d'antennes satellites où vivent les petits-fils des Vénitiens. On les appelle les racailles.

On peut comprendre que, lorsque ton père ou ton grand-père a passé sa vie à regarder le sol pour ne pas voir le mépris, tu gardes au cœur une colère indélébile. À côté de la cité, juste en face de l'usine Dassault, une autre usine, désaffectée, a été transformée en mosquée précaire. Sur l'esplanade, devant l'usine Dassault, il y eut longtemps un avion Mirage d'exposition pointé vers la mosquée. Aujourd'hui, l'usine à prier a été détruite pour laisser prochainement la place à une grande mosquée. Dassault a enlevé son mirage.

La porte du château Mirabeau existe toujours.

# 6

# Boums (surboums, surprises-parties et autres surpattes)

Vers l'âge de 13 ans, nous avions remarqué que certaines musiques au rythme lent provoquaient chez nous une douce brûlure au creux des entrailles qui signifiait qu'on était amoureux. À cet âge, nous croyions être amoureux lorsqu'on pensait : « J'ai envie de caresser ses seins. » C'est pour cette raison qu'à partir d'une époque que je situe grossièrement vers la classe de cinquième nous ne pensions plus qu'à organiser des boums dont l'unique objet était de ressentir ce délicieux tourment.

Nos parents connaissaient déjà ce rythme lent et sensuel, ils appelaient ça le slow et possédaient des disques spécifiques destinés à pratiquer cette activité. Des 33 tours intitulés *Dansons tendrement avec Burt Bacharach* qu'ils jouaient (oui, à cette époque-là, nos parents disaient « jouer un disque »), qu'ils jouaient donc lors des fêtes familiales, et on voyait des tontons rougeauds en bretelles inviter des cousines en robe de mousseline et s'empourprer davantage au contact de leur corps. Lors des fêtes de nos parents, trois slows étaient incontournables. D'abord « Only you » ! Combien de liaisons adultérines commencèrent-elles par une invitation à danser sur cette chanson des Platters ? Combien de cousines en mousseline, troublées par le parfum d'eau de Cologne du Mont-Saint-Michel de l'oncle de la mariée, décidèrent de franchir le pas en entendant leur cavalier murmurer à leurs oreilles :

*Only you can make this world seem right*
*Only you can make the darkness bright.*
*You're my dream come true,*
*My one and only you.*

Certes, comme leur anglais laissait à désirer, même s'ils fredonnaient à l'oreille de leur cavalière : *« Only you, can iou ouane again, only you, make eu love euchraine »*, la puissance sensuelle de la chanson était telle que ce texte abscons parvenait à métamorphoser les tontons rougeauds en Frank Sinatra.

À ce moment de la fête, leur visage coloré par l'alcool et la danse passait du rouge congestionné au violet apoplectique et leur coiffure, soigneusement étudiée, qui consistait à remonter sur le dessus du crâne les cheveux qui poussaient sur les côtés de manière à cacher leur calvitie, façon Giscard d'Estaing, n'était plus qu'un désastre capillaire et leurs cheveux décollés par la sueur pendaient le long de la joue. Et malgré l'image grotesque de ces hommes qui se collaient à elles, leur soufflant au visage des paroles en yaourt dans une haleine de mousseux tiède, les cousines cédaient à leurs avances et se laissaient embrasser. Le mot « embrasser » est peut-être excessif pour qualifier cette langue de veau qui entrait dans leur bouche pour y dessiner des cercles ponctués d'une respiration bruyante, de grognements de plaisir et de mots d'amour comme « Tu la sens, là ? », tandis qu'ils frottaient contre leur cuisse une robuste excroissance qui tendait le tissu de leur pantalon de costume Bodygraph de la Belle Jardinière. Puis le tonton ponctuait son estocade avec cette phrase d'un romantisme absolu : « Chui sûr qu'tu mouilles, là. » Eh bien, oui, malgré l'aspect « fellinesque » des fêtes familiales et le physique improbable des tontons à bretelles, les cousines de province « mouillaient » dans les fêtes de famille. Avec les Platters, les bouchères inventaient le romantisme.

À ce propos, on pardonnera la trivialité de ce qui va suivre, mais si l'on veut être exhaustif dans le domaine de la dialectique en usage lors des boums des sixties, je ne peux passer sous silence les trois questions rituelles qui illustraient notre sexualité naissante mais tourmentée, les trois questions rituelles qu'on posait à un copain qui était sorti avec une fille pendant une boum. D'abord, on demandait : « Alors, tu l'as doigtée ? » Et en cas de réponse positive, on enchaînait avec son corollaire : « Elle a mouillé ? » Et là encore, en cas de réponse affirmative, on enchaînait avec un « T'as juté ? » du meilleur aloi. Voilà, c'est fait, on n'en parle plus. Revenons aux fêtes de nos parents. Un autre type de chanson romantique y connut son heure de gloire : le slow teutonique... La chanson s'appelait « Sag warum », et un type prénommé Camillo la chantait, ou plutôt en martelait le texte avec un romantisme d'*Oberleutnant*.

*Nachts geh ich dahin, ich bin allein, und frag : Warum ?*
*Die Tage gehen mir nicht aus dem Sinn*
*Und ich frag mich : Warum ?*

Avec ce slow, les tontons des mariages avaient nettement plus de mal à emballer, rapport à la sonorité gutturale du chanteur et à cette interrogation existentielle, *« Warum ? »*, que Camillo posait en élevant brutalement la voix, évoquant davantage un interrogatoire par un SS qu'une chanson d'amour. Mais il y avait dans ce slow un instant magique, le seul passage où l'on pouvait conclure, tenter le roulage de pelle, l'instant de grâce où le chanteur prussien, lassé sans doute de demander « *Warum ?* », se résignait à vous sortir la tête de la baignoire et murmurait dans un souffle romantique : « *Oh, ja.* » S'il n'embrassait pas la fille sur le « *Oh, ja* » de Camillo, le tonton savait qu'il n'avait aucune chance d'embrasser un jour l'objet de son désir.

Quant à nous, enfants du baby-boom, nous traversions cahin-caha une prépuberté difficile, aux fantasmes grossièrement assouvis grâce au catalogue de La Redoute et autres publications (cf. « Fantasmes »), et si je devais résumer de façon lapidaire notre vie affective, je dirais que nous n'avions qu'une seule idée : emballer. D'abord parce que nos connaissances dans le domaine de l'amour étaient très restreintes et se limitaient à ce qui polarisait nos désirs, à savoir les roulages de pelle et les palpations de poitrines féminines sous shetland, tout simplement parce que nous ne savions rien du reste. Le reste, c'était la chatte. Qu'on me pardonne cette trivialité, mais ce mot qui peut vous sembler vulgaire constituait l'un des fondamentaux de notre vocabulaire, avec le triptyque « Tu l'as doigtée », etc. évoqué plus haut.

Comme, jusqu'à l'âge de 16 ans, les boîtes nous étaient interdites, les boums constituaient notre seul espoir d'emballer. Pendant toute la semaine, au collège, nous procédions à des manœuvres logistiques nous permettant le samedi suivant d'être invités à la boum la plus prometteuse. On éliminait d'entrée les surprises-parties ringardes organisées par les parents pour fêter l'anniversaire de leur fille, avec la mère omniprésente qui, après avoir accroché des ballons à la grille du jardin, nous accueillait sur le perron du pavillon en meulière, et qui, sous prétexte de renouveler les consommations, apparaissait régulièrement dans le garage qui faisait office de *dance floor*. Pour peu qu'on profite d'une de ses trop brèves absences pour tamiser les lumières, elle revenait avec un plat de petits-fours apéritifs et rallumait pleins feux en disant : « Mais on n'y voit rien, ici ! »

Les « bonnes » boums avaient lieu chez ceux qui avaient obtenu de leurs parents qu'ils sacrifient une pièce de la cave à cet usage. Souvent, il s'agissait de musiciens, et les parents avaient aménagé le sous-sol en local de répète. On avait collé aux murs des centaines de demi-boîtes d'œufs, dont l'isolation phonique n'a jamais été vraiment démontrée, mais qui donnaient à la cave un aspect studio professionnel. On entrait puis on se glissait par le garage, entre la Panhard PL17 Tigre du père, les bidons d'huile de vidange, la tondeuse à gazon et l'établi avec les outils au mur, on passait devant la buanderie et, après les paniers à linge, une porte s'ouvrait sur une pièce sombre, éclairée de bougies, avec même parfois un bar, et, au mur, des photos de *Rock & Folk* et de David Hamilton... Les amplis et la batterie étaient rangés dans un coin et recouverts d'un drap. Mais en matière de boums, le nec plus ultra, la grande classe, c'était lorsque les parents louaient une salle pour marquer une grande occasion. Ainsi, pour mes 18 ans, les miens avaient réservé l'arrière-salle du Pont d'Argenteuil, café-tabac, sandwichs à toute heure, loto-tiercé, situé au pied du pont d'Argenteuil comme on l'avait opportunément nommé. C'est là qu'en juin 1967 j'entendis pour la première fois la chanson qui allait devenir l'hymne des boums, une sorte de machine à emballer, « A whiter shade of pale », interprété par Procol Harum.

« A whiter shade of pale », c'est le souvenir de Nicole Bouillard, dont je me rappelle encore la pâleur de la peau.

Mes parents avaient prévu des petits-fours, des boissons non alcoolisées et m'avaient promis du champagne. Nous avions évidemment éteint toutes les lumières et, pour empêcher le jour de nous éclairer en passant à travers une porte vitrée qui donnait sur la rue, nous en avions baissé le rideau de fer. Pour être tout à fait précis dans la narration de cette anecdote, sachez qu'en dansant avec Nicole Bouillard sur « When a man loves a woman », de Percy Sledge, je l'ai doigtée et j'ai juté dans mon jeans en velours à fines côtes… à l'instant même où mon beau-père souleva vigoureusement le rideau de fer en s'écriant : « Ben alors, les jeunes, on n'y voit rien, là-dedans ! », tandis qu'en arrière-plan, sur le trottoir, ma mère croulait sous le poids d'un carton de champagne.

Les slows de la soul music changèrent toute la programmation des boums et des boîtes, la maison de disques Atlantic ayant même décidé d'éditer des albums avec une face de slows enchaînés. Comme ça, c'était simple, on savait qu'on avait vingt-cinq minutes pour conclure. En boîte, c'était beaucoup plus difficile, on ne savait jamais quand allait finir la série de slows, et on pouvait très bien se dire : « Bon, là, elle est prête, je l'embrasse à la prochaine chanson », et se retrouver avec un jerk.

Mais il y avait pire, c'était les chansons pièges, comme « Try a little tenderness » qui commençait sur un tempo de slow torride, avec Otis qui commençait par murmurer dans un sanglot :

*Oh, she may be weary,*
*And young girls they do get weary.*

Mais, peu à peu, le rythme de la chanson s'accélérait, on tentait désespérément de continuer à danser le slow vaille que vaille, mais au moment où Otis Redding hurlait *« Gotta try hum nah nah nah, try tenderness »* sur un terrible break de batterie, il n'était plus possible de danser le slow. Alors on faisait une sorte d'enchaînement chorégraphique ridicule pour se détacher de la fille et se mettre à danser le jerk...

Il faut bien le dire, dans les années 1960, la vie sexuelle d'un collégien ressemblait au désert de Gobi. Même la simple perspective de caresser une poitrine naissante était un rêve quasi inaccessible qu'on ne pouvait envisager de réaliser qu'en emballant dans les boums. D'abord fallait-il que les filles acceptent de danser. Généralement, elles refusaient. Lorsque l'une d'elles acceptait, c'était souvent à contrecœur, parce que sa copine dansait et qu'elle ne voulait pas faire tapisserie. Mais, dès le début du slow, à la façon qu'elle avait de se crisper, de se raidir, de reculer lorsqu'on la collait un peu trop, on devinait qu'elle nous trouvait pénible, qu'on l'exaspérait et qu'on n'avait aucune chance de flirter avec elle. Malgré tout, comme un baroud d'honneur, mais sans y croire vraiment, on se penchait pour l'embrasser. Elle s'y attendait, détournait prestement la tête, alors, pour finir le mouvement sans avoir l'air con, on l'embrassait vaguement dans le cou, à moitié sur le col de son chemisier, en soufflant un «Je t'aime» pathétique. Et c'est là qu'elle balançait cette phrase terrible: «Moi aussi, je t'aime... mais en copain.» Bien qu'à l'époque je fusse encore mince et séduisant, je dois figurer dans le *Livre Guinness des records* des excuses à la con des filles qui ne veulent pas sortir avec un garçon. J'ai eu droit à tout. Il y avait les hypocrites, celles qui disaient: «Moi aussi, je t'aime, mais je ne veux pas que cet amour détruise notre amitié.» Vous aviez aussi les fausses modestes, qui me disaient: «Tu es trop bien pour moi, je ne mérite pas ton amour.» Et puis celles qui voulaient me donner un peu d'espoir avec des phrases du genre: «Un jour, tu rencontreras une fille qui saura mieux t'aimer que moi. » Vous aviez aussi les énigmatiques, qui murmuraient d'un air mystérieux : « Moi aussi, je t'aime, mais je n'ai pas le droit de t'aimer. » Et puis toute la série des foldingues, celles qui disaient : « Je ne peux pas t'aimer, je suis mariée avec le vent, avec la mer, avec mon poney, ou avec Dieu. »

Mais il arrivait aussi parfois, très rarement, que les filles, pour les mêmes raisons qu'elles avaient accepté de danser, c'est-à-dire pour ne pas passer pour des connes auprès de leurs copines qui se faisaient emballer, se résignent à se laisser embrasser. On sentait dès le début du slow qu'elles étaient soumises à la façon qu'elles avaient d'enlacer leurs bras autour de notre cou. Alors on prenait notre temps, mais à chaque fois que nos lèvres s'approchaient des leurs sans qu'elles s'échappent, à ce moment précis où l'on sentait qu'on allait enfin conclure... la porte de la cave s'ouvrait et on voyait débarquer dans la boum un type beau comme un dieu, qui ressemblait à Marc Lavoine, vêtu d'un blazer avec un écusson en fil d'or, et là, dès le premier regard de la fille vers lui, on savait qu'on l'avait perdue... Alors, là aussi, comme un baroud d'honneur, on tentait quand même de l'embrasser en balbutiant notre « Je t'aime » à la con, et là elle répondait : « Moi aussi, je t'aime, mais j'ai soif. » Alors j'allais lui chercher un jus d'orange, je prenais la bouteille de Tropicana, et tout en remplissant un gobelet en plastique, je voyais le Marc Lavoine de 14 ans s'approcher de ma déshydratée. À peine lui avait-il demandé si elle voulait danser qu'elle avait déjà posé sa tête au creux de son épaule, les yeux fermés en respirant son odeur de Brut de Fabergé. Et puis il l'embrassait... Un baiser interminable... Pendant ce temps-là, moi, je faisais couler le jus d'orange sur la nappe en crépon...

Alors je prenais un air indifférent et totalement décontracté, j'allumais une Player's et, la clope au bec, une main dans la poche et l'autre qui claquait des doigts tandis que je hochais la tête au rythme de la musique d'un air assez stupide, je quittais la boum et je rentrais chez moi pour penser à Françoise Hardy (cf. « Fantasmes »).

Au milieu des années 1960, on assista à une prolifération de boîtes de nuit... de jour ! Ce qui permettait à ces établissements de nous accueillir à partir de 14 ans. À Argenteuil, la plus célèbre se nommait La Porte Saint-Germain, c'était la plus prestigieuse car y jouaient les Murators, le meilleur groupe de la région, dont le clavier très mignon, qui devint plus tard Alain Chamfort, me piqua d'un regard ma fiancée de l'époque, Martine, que tout le monde appelait Toutoune. De la même façon qu'on se souvient tous de ce qu'on faisait lorsqu'on a appris la survenue de grands événements historiques, comme le jour où l'homme marcha sur la Lune, ou le 11-Septembre, je me souviens parfaitement qu'Alain Chamfort regarda Toutoune en jouant le gimmick d'orgue de « Try a little tenderness ». Pendant cette virgule musicale de cinq notes, il fixa ma fiancée en lui souriant et, dès ce moment, quoi que je fasse, j'exaspérais Martine Hernandez. Elle me refusa le slow suivant et nous nous assîmes côte à côte sur les chaises où de futures Martine Aubry gardaient les sacs à main de futures Élisabeth Guigou. Fou de jalousie, je fis une scène à Toutoune que je ne voyais que par intermittence, à chaque passage de la boule à facettes qui tournait au plafond au rythme du slow, et dont les rayons lumineux dessinaient comme une varicelle sur son visage qui disparaissait très vite et revenait l'éclairer au tour suivant. Toutoune ressemblait à un néon clignotant, mais qu'elle soit éclairée ou dans le noir ne changeait rien à la violence de notre scène. Lors d'une séquence lumineuse, je vis des larmes couler sur son visage. J'en fus bouleversé et je décidai de lui demander pardon lorsque son visage serait de nouveau éclairé. Mais, au passage suivant des taches lumineuses, sa chaise était vide. C'était la fin du slow, l'orchestre faisait une pause et, lorsqu'il se remit à jouer, Alain Chamfort n'était plus là.

Quarante années plus tard, j'ai retrouvé ce dernier lors d'une émission de Stéphane Bern, « Le fou du roi », sur France Inter. Et là, comme si la scène s'était déroulée la veille, je lui ai demandé : « Alain Chamfort, j'aimerais que vous répondiez avec honnêteté à la question suivante : "Êtes-vous sorti avec Toutoune en avril 1964, à La Porte Saint-Germain ?" » Et là, quarante années plus tard, il refusa de me répondre mais son sourire en dit long.

Pour être tout à fait honnête, je me remis assez vite de cette déconvenue puisque je vécus une histoire d'amour avec la chanteuse des Murators, une jolie blonde prénommée Séverine qui interprétait « Respect » aussi bien qu'Aretha Franklin, mais qui allait plus tard abandonner le rock et la soul music pour gagner l'Eurovision avec « On a tous un banc, un arbre ou une rue où l'on a laissé nos rêves ».

Nous aussi, nous avons laissé nos rêves à La Porte Saint-Germain, en dansant le slow avec des filles aux cheveux trop laqués, aux shetlands trop courts et aux jeans en velours, à qui on parvenait laborieusement à soutirer un baiser. Alors on opérait, tout en dansant, un mouvement stratégique pour être dans l'axe de vision d'une ex ou de nos copains solitaires qui fumaient des Royale Menthol pour se donner une contenance. On sentait bien qu'elle acceptait de se laisser embrasser à l'usure, mais il était exclu que nos mains accèdent à un quelconque paradis. Dès qu'on s'égarait sous le shetland, la main de la fille nous la reposait sur ses hanches. Alors on se roulait des pelles appliquées mais sans romantisme pendant des après-midi entières.

# 7

# C'est pas les Beatles qui te nourriront plus tard

Lorsque j'ai commencé à écrire ce livre, mon idée était de raconter les sixties à travers le parcours scolaire d'un enfant du baby-boom, de la maternelle au lycée, qui correspondait parfaitement au mien puisque j'ai passé le bac en mai 68 (on ne rit pas). Mais, lorsque j'ai relu les cinquante premières pages, j'ai pris conscience que, si elles étaient d'une qualité littéraire remarquable, j'en étais toujours à narrer des souvenirs de maternelle. Et quand j'ai constaté qu'après soixante pages j'en étais toujours à décrire les films de *Sylvain et Sylvette* qu'on y diffusait, les verres de lait qu'on nous servait à 16 heures pour éponger les excédents laitiers et les fillettes sous lesquelles nous nous allongions dans la cour de récré pour regarder ce qui pouvait bien se cacher sous leurs jupettes, j'ai compris que, si je voulais être exhaustif sur la vie scolaire dans les années 1960, un livre de mille pages ne suffirait pas. Je sais que certains d'entre vous se disent : « Mais si tu faisais un peu moins de digressions, tu pourrais nous raconter plus de choses, connard... » Si, si, je le sais, certains d'entre vous m'appellent « connard » lorsque je digresse. Car oui, je digresse. J'adore ça. Je tiens ça de mon maître en digressions, Frédéric Dard, et, par ailleurs, l'aspect lacanien de cette locution (je dis graisse) n'est pas étranger à l'affaire. Il m'arrive même de faire des digressions dans mes digressions et, dans ce livre, j'ai réussi à faire des digressions sur cinq niveaux.

Pour ces raisons, j'ai choisi de limiter ce chapitre à la classe de cinquième tant elle fut riche de découvertes déterminantes dans la vie des enfants des sixties.

Sur tous les plans.

Celui du rapport à l'autorité scolaire d'abord. Dans cette France gaulliste, les valeurs vichystes restaient fortement ancrées et il était admis que, dans le cadre du respect que les élèves devaient aux professeurs, ces derniers avaient le droit de frapper. Et ils ne s'en privaient pas. Quand je dis frapper, je ne parle pas du prof qui, pendant un devoir sur table, patrouille dans les allées de la classe en regardant par-dessus l'épaule des élèves et qui balance une chiquenaude sur l'arrière du crâne d'un cancre en disant : « Concentre-toi, j'ai dit médiatrice, pas hypoténuse. » Je parle des profs principaux du collège Paul-Vaillant-Couturier d'Argenteuil, une jolie brochette d'enfoirés, M. Launay, prof de maths, M. Bague, prof de français, M. Dumas, prof de français également, M. Grosseitch, prof de maths nostalgique du III^e^ Reich qui devenait fou lorsque nous le provoquions en lui demandant : « M'sieur, c'était bien les Spitfire, les meilleurs avions pendant la guerre ? » Il frappait aussitôt son bureau de sa règle métallique et répondait d'une voix d'*Oberleutnant*: « Non, mon garçon ! C'étaient les Messerschmitt ! » Paradoxalement, c'était l'un des moins violents, il se contentait de nous attraper par les cheveux et balançait notre tête d'abord latéralement puis l'écrasait sur le cahier en disant : « Mon garçon, si je te mets le nez dessus, tu vas peut-être voir ton erreur. » C'était particulièrement douloureux, mais lui au moins ne frappait pas comme les autres. Comme Launay, qui, un jour, après qu'il m'eut collé un zéro pour bavardage et que, par bravade, je murmurai « Je m'en fous », se leva, fou de rage, m'arracha de mon siège en déchirant ma blouse et me fit traverser la classe à coups de poing, jusqu'à ce que je me retrouve à moitié évanoui dans l'angle opposé contre le mur du fond. Ces salopards nous frappaient dans une impunité totale, car ils savaient que, si nous en parlions à nos parents, ces derniers nous repassaient une deuxième couche. Mais le pire de tous était un dénommé Grillet, professeur d'histoire-géo, un viril, un trapu façon catcheur, coiffé en brosse, dont on voyait dépasser du col de sa chemise, au-dessus de son nœud de cravate, une touffe de poils attestant de son taux élevé de testostérone. Lorsqu'il se mettait en colère, il avait dans la voix des harmoniques de sous-officier qui nous terrifiaient. Il était par ailleurs d'une sévérité extrême, chaque sanction étant elle-même constituée d'un chapelet de sanctions. Par exemple, une note inférieure à 5 valait, outre la note elle-même, une colle de quatre heures le samedi suivant, plus un mot aux parents sur le cahier de textes. Aux beaux jours, il s'habillait en tenue d'été, c'est-à-dire comme en hiver, le même costume, la même cravate avec la touffe de poils qui dépassait, mais il se chaussait de sandales de cuir ajourées comme en portent les moines. De la même façon qu'on voyait dépasser les poils de son torse au-dessus du nœud de cravate, on apercevait entre chaque bande de cuir de ses sandales des touffes de poils érigées sur les phalanges de ses orteils. Je n'ai jamais vu un type aussi poilu des doigts de pied. Avec mes camarades de classe, on l'imaginait, chaque matin, après sa douche, prendre un séchoir pour faire un brushing de ses crinières podales. Pour justifier le port de ces sandales ridicules, il prétextait des douleurs liées à sa blessure au combat. Car il prétendait être héros de la guerre et, pour recadrer une classe dissipée, il posait sa sandale droite sur l'estrade, relevait une jambe de son pantalon jusqu'au genou, laissant apparaître une blessure dont la cicatrice circulaire violaçait son mollet. Et là, il nous lançait : « Les Boches m'ont pas eu, c'est pas vous qui m'aurez ! » Il n'a jamais été très précis sur les circonstances de cette blessure, laissant entendre qu'il était un membre important d'un réseau de FFI « sur » Argenteuil-Bezons mais qu'il ne pouvait nous en dire plus. On ne comprenait pas bien pourquoi, vu qu'on était en 1965 et qu'il ne risquait plus grand-chose des Allemands qui l'avaient prétendument torturé à la cigarette pour lui faire donner le nom des autres résistants du réseau Argenteuil-Bezons. Un jour que nous nous étonnions que les Allemands aient limité leur torture à cette unique brûlure de cigarette, il nous révéla qu'ils s'apprêtaient à lui arracher les ongles lorsqu'un commando fit irruption et l'emmena à demi inconscient chez un médecin sympathisant de la Résistance qui lui sauva la vie. Malgré nos 14 ans, nous avions compris qu'il n'était qu'un mytho, et nous ne fûmes pas surpris lorsqu'un jour son épouse, prof de dessin dans un autre collège de la ville, apprenant qu'il la trompait avec la femme de ménage de Paul-Vaillant-Couturier, se vengea en révélant à ses élèves que cette blessure de guerre n'était en réalité que la cicatrice d'une verrue cautérisée par un dermatologue. Outre la pilosité de ses orteils mise en valeur par ses sandales de jésuite, M. Grillet possédait une autre particularité grotesque. Il sifflotait sans cesse « Le sirop Typhon », une... chose chantée par Richard Anthony. Richard Anthony, le même qui m'avait fait pleurer lors de la séparation avec mon amoureuse à un retour de colo de Valfin-sur-Valouse, lorsque, sur le quai, tandis qu'au loin nos parents faisaient de grands gestes, elle approcha son visage du mien, m'embrassa à la commissure des lèvres et fredonna à mon oreille :

*J'ai pensé qu'il valait mieux*
*Nous quitter sans un adieu,*
*Mais je sais que maintenant tout est fini !*
*Et j'entends siffler le train,*
*J'entendrai siffler ce train toute ma vie.*

Richard Anthony chantait désormais « Le sirop Typhon », dont je ne résiste pas à l'envie de vous livrer le refrain :

*Buvons, buvons, buvons,*
*Le sirop Typhon, Typhon, Typhon*
*Universelle panacée, hé hé...*
*À la cuillère, ou bien dans un verre,*
*Rien ne pourra nous résister.*

À l'évocation de cette chanson, ma mémoire s'affole. Je me souviens qu'il était question d'un maire bègue, de M. Carouge qui avait le nez rouge qui devint violet grâce au sirop Typhon et que la chanson s'achevait par un hennissement de cheval. Si j'insiste autant, c'est qu'il s'agit sans doute de l'une des pires chansons jamais commises par l'industrie du disque. Sur le même thème, « Viens boire un p'tit coup à la maison », de Licence IV, ressemble à un lied de Mozart sur un texte de Goethe.

Et c'était cette connerie sans nom que sifflotait en permanence M. Grillet. En réalité, il ne sifflotait pas vraiment.

Il faisait juste passer de l'air en rythme entre ses incisives, ça faisait: « Tsssssss [buuuu...] tsss tsss-tsss-tsss-tsss [-vons-bu-vons-bu-vons] tsss tsss tsss tsss tsss [le-si-rop-Typhon] », etc.

J'étais nul en histoire et, afin d'éviter la cascade de sentences, lors d'une composition, j'avais mis au point une antisèche sophistiquée sous la forme d'une feuille 21 × 27 pliée et repliée en forme d'accordéon et dont j'avais scotché le haut sous mon bureau pendant la récré. Il me suffisait de tirer sur la feuille pour la déplier, y lire la réponse et relâcher la feuille qui remontait reprendre sa forme accordéonesque. La question portait sur les épouses de Louis XIV, et je me souviens que, sur la feuille que je regardais en douce sous mon bureau, en face de Mme de Maintenon, j'avais noté « mariage secret ». Je m'interrogeais sur le sens de cette formule en lisant toute la feuille de notes, mais arrivé au bas de la page, je dus me résoudre à l'évidence: je n'avais pas noté de précisions sur ce mariage. C'est à ce moment-là que mon regard baissé vers la feuille aperçut sur l'arrière gauche de son angle de vision la pointe d'une sandale en cuir. Concentré sur la Maintenon, j'avais oublié le prof qui était sans doute là depuis quelque temps déjà et je vis sa sandale marquer le rythme du « Sirop Typhon » nerveusement. Le temps sembla s'arrêter un instant, toute la classe était suspendue à ce prof debout à mes côtés qui sifflotait en battant la mesure avec sa sandale de cuir aux excroissances de poils, quand soudain il cessa de siffler, hurla « Salaud ! » et, me saisissant par les petits cheveux de la patte située près de mon oreille droite, me souleva, puis, un peu comme s'il envoyait un avion de papier, il me projeta vers la porte de la classe en répétant: « Les salauds, moi, je les envoie chez le directeur, les salauds ! » Avant de quitter la classe, j'eus le temps de l'entendre m'énumérer les punitions, zéro à la compo, convocation des parents et surtout quatre heures de colle tous les samedis jusqu'à la fin de l'année. Nous étions en avril, au début des beaux jours, et je n'oublierai jamais tous les samedis après-midi ensoleillés du printemps de cette année-là que je passai dans une salle du collège Paul-Vaillant-Couturier. Tous les samedis, sauf un. Car il y eut un miracle. Un surveillant fan de rugby qui voulait aller à Colombes voir le match des Cinq Nations France-Pays de Galles fit prévenir un quart d'heure avant la colle que sa grand-mère était mourante et le directeur, pris de court, nous autorisa à rentrer chez nous.

Je n'avais pas envie de rentrer à la maison pour aider mon beau-père à faire la vidange de la Panhard. Alors, avec un copain de colle, nous avons traîné dans les rues d'Argenteuil. Nous avions acheté des P4, des cigarettes vendues par quatre, comme leur nom l'indiquait, 16 centimes le paquet, 4 centimes la clope, et nous nous étions allongés pour fumer, chacun d'un côté du banc double du carrefour de la poste, au grand dam des mamies qui ne pouvaient pas s'asseoir pour attendre leur bus à cause de ces deux petits cons qui s'amusaient à faire des ronds de fumée. Nous regardions nos volutes de fumée s'élever dans le ciel en écoutant le bruit des voitures qui s'arrêtaient au feu rouge du carrefour puis redémarraient. Nous avions remarqué que le feu rouge durait trente secondes et nous nous amusions à compter tout haut ces trente secondes d'arrêt des voitures, le jeu étant évidemment d'arriver à trente au moment où les voitures redémarraient. À un moment, j'ai compté trente et un, trente-deux, trente-trois, trente-quatre, la voiture arrêtée au feu rouge ne démarrait toujours pas et mon copain m'a dit en riant : « Oh ! dis donc, tu as compté vachement vite. » Non, je n'avais pas compté vachement vite. La voiture arrêtée au feu rouge avait une bonne raison de ne pas redémarrer puisqu'il s'agissait de la Panhard PL17 de mes parents. J'en étais à trente-neuf lorsque j'ai vu apparaître au-dessus de mon visage, au milieu de la fumée de ma P4, le visage de ma mère déformé par la colère. Elle avait les mâchoires serrées, j'ai juste eu le temps de penser : « Oh, putain, les mâchoires serrées, c'est mauvais signe », qu'une terrible gifle fit voler ma P4 au loin. Puis elle m'attrapa par les cheveux (c'est fou ce qu'on a pu me tirer par les cheveux dans mon enfance), ouvrit la porte arrière de la PL17 et me jeta à l'intérieur. Cette année-là, en plus de la série de punitions du prof d'histoire-géo, je fus privé de camp de jeunes et passai les vacances dans la maison de campagne que mes parents venaient d'acquérir dans la Nièvre à monter des murs, à aider aux travaux d'enduit et de peinture, et à aller vider tous les deux jours dans la forêt le fait-tout qui se trouvait sous une planche trouée dans la cabane au fond du jardin.

Peut-être ai-je été un peu long, mais cette explication me paraissait nécessaire afin que tous ceux qui considèrent « Le sirop Typhon » comme une œuvre majeure de la variété contemporaine comprennent pourquoi je n'aime pas cette chanson.

La classe de cinquième, c'était aussi l'année du voyage scolaire à Londres. Un train spécial emmenait les élèves des collèges de la ville d'Argenteuil à Dieppe où, au petit matin, nous embarquions sur un ferry pour Newhaven. La plupart d'entre nous auraient été malades même si, dès le départ du bateau, nous n'avions pas foncé à la boutique *duty free* où nous achetions des cigarettes et du whisky. Un demi-siècle plus tard, je me souviens encore du goût de ce qu'on vomit lorsqu'on a le mal de mer et qu'on vient de fumer des Royale Menthol en buvant une demi-bouteille de J & B pour faire son intéressant devant les filles.

Le séjour londonien durait une journée. Un circuit en car, Hyde Park, Big Ben, le Parlement et tous ces trucs dont on n'avait rien à faire mais qu'on prenait en photo avec nos Instamatic. On se moquait des passants, on essayait de faire marrer le garde de la reine réputé impassible, on demandait aux bobbies de nous prêter leur casque pour la photo et on draguait lourdement. Bref, nous faisions les cons en attendant le moment du quartier libre où les profs nous lâchaient dans les boutiques près de Piccadilly Circus pour faire du shopping. Nous choisissions très vite une kitcherie pas chère pour nos parents, un porte-clés avec une cabine téléphonique rouge, ou un garde de Buckingham-bouteille de whisky dont le bouchon était constitué par la tête avec le bonnet à poils qui se dévissait, et on dépensait l'essentiel de notre argent de poche en achetant des disques qu'on allait écouter jusqu'à l'usure. Il faut dire que les chanteurs français qui nous avaient donné l'espoir d'une musique nouvelle accompagnant nos révoltes enfantines s'étaient ringardisés avec une rapidité stupéfiante. Les producteurs, désireux de fédérer le plus grand nombre de clients, leur faisaient enregistrer des disques consensuels et intergénérationnels. Johnny apprenait à nos parents à danser le twist, Eddy Mitchell et Les Chaussettes noires sortaient un disque où ils chantaient en duo avec Maurice Chevalier, « Le twist du canotier » et, dans ce 45 tours dont la pochette avait la forme d'un canotier, Maurice Chevalier criait à Eddy Mitchell : « Mon p'tit gars, ça fait soixante ans qu'je twiste. » Eddy Mitchell répliquait : « Est-il bien sûr de ce qu'il dit ? » et Chevalier lui assénait : « Non, mais dis donc, p'tit gars, dis que j'débloque pendant qu't'y es. »

Les yé-yé avaient vendu leur âme au diable. Les groupes anglais prirent leur place et nous rentrions de notre trop court voyage londonien chargés de disques 45 tours deux titres aux pochettes minimalistes en papier où ne figurait que le nom de la maison de disques, Decca, RCA Victor, ou Parlophone. Pas comme les pochettes luxueuses des disques de nos parents aux reflets d'or et de bulles dans une coupe de champagne. C'était le début du Swinging London et on mélangeait un peu tout, Dave Clark Five, Swinging Blue Jeans, les Searchers, les Shadows, et puis ces types dont tous les journaux parlaient en Angleterre, les Beatles et les autres qui faisaient la gueule sur les photos, avec ce gros titre qui disait : « Laisseriez-vous votre fille sortir avec un Rolling Stones ? »

Nous revenions heureux de Londres. De nouveau nous étions des rebelles, des révoltés, des insoumis, et comme les Beatles n'enregistrèrent pas avec Maurice Chevalier, nos parents comprirent que Johnny et Les Chaussettes noires, c'était fini pour nous, alors ils ne dirent plus jamais : « Tu finiras Blouson noir... comme Johnny Hallyday. » Et ils inventèrent cette formule : « C'est pas les Beatles qui te nourriront plus tard. »

# 8
# Cinoches

Le Lutetia ! Si j'osais une métaphore maritime à la Jean-Marie Cavada, je dirais que, dans les années 1960, Le Lutetia était le navire amiral de la flottille des cinémas qui voguaient sur Argenteuil. Oui, j'imagine ce que vous pensez de cette formule, mais prenez-la comme un hommage à Cavada, « La marche du siècle » de votre enfance, ce n'est pas rien quand même, souvenez-vous cette voix de proviseur qui annonçait : « Bonsoir, une émission légère, ce soir, consacrée à la mécanique quantique avec Hubert Reeves et le professeur Jacquard. »

Le Lutetia était le plus grand, le plus beau des cinoches de la région. Celui que fréquentaient les bourgeois, les marchands d'asperges, qui y occupaient même des loges. Les prolos s'habillaient en dimanche pour y aller le samedi soir. Moi, j'étais raccord, car mes grands-parents m'habillaient en dimanche pour m'y emmener ce jour-là à la séance de 15 heures. Quel que soit le film. C'était le rituel dominical d'avant la télé.

C'est au Lutetia qu'on passait les meilleurs films, des superproductions américaines filmées avec des techniques nouvelles dont le nom finissait en « scope ». Le lundi matin, dans la cour de l'école, on s'identifiait aux héros qui arrachaient d'un coup de dents la goupille d'une grenade qu'ils balançaient sur un fortin de Japs qui sautaient en l'air. La psychologie des personnages était assez sommaire, les Ricains étaient beaux, courageux et mouraient dans les bras de leurs potes en leur faisant promettre, quand la guerre serait finie, d'aller dans le Wisconsin remettre à Sally leur plaque d'identification et lui dire qu'elle avait été leur dernière pensée. Les Japonais, que les GI appelaient les faces de citron, étaient fourbes et cruels et n'avaient pas de fiancées. J'ai gardé le souvenir d'un de ces films qui racontait les combats entre Américains et Japonais pour la conquête d'un atoll dont la position stratégique était essentielle, qui s'intitulait *Tarawa, tête de pont*. Je m'étais identifié au héros et le lendemain, à la récré, j'étais le sergent Sloan, expliquant comment j'avais renvoyé aux faces de citron une grenade qu'ils m'avaient balancée juste avant qu'elle n'explose. Je devais être particulièrement convaincant, car un groupe s'était formé autour de moi, passionné par les aventures du sergent Sloan. Je vous jure qu'à cet instant les marronniers de la cour du collège ressemblaient aux palmiers de Tarawa derrière lesquels se cachaient des Japs. C'est au moment précis où je balançais une grenade pour déloger les faces de citron que Trouboul a lancé : « Tarawa, tête de con ! » À cet instant, ma vie s'est écroulée comme un mikado presque achevé. Le groupe qui s'était formé autour de moi et qui écoutait les exploits du sergent Sloan s'est dissous dans la cour en ricanant et Trouboul s'est enfui lâchement. Trouboul, c'était mon ennemi. On a tous connu un Trouboul pendant notre jeunesse. L'adversaire. Le type qu'on détestait, qu'on « ne pouvait pas piffrer » et qui nous le rendait bien. Moi, c'était Trouboul. Un grand con avec une tête de chien. Une tête à s'appeler Trouboul. À chaque altercation, qui finissait par une échauffourée, on se promettait de se retrouver pour un massacre. Il fallait qu'on en finisse, que ça explose. Il y avait dans cette haine quelque chose de shakespearien qui ne pouvait se terminer que par un affrontement ultime. Cet affrontement eut lieu en colonie de vacances, à Saint-Hilaire-de-Riez, en Vendée. Vous en trouverez la narration au chapitre consacré aux colos.

L'affiche du film était magnifique. On y voyait le sergent Sloan tenant son fusil d'une main au-dessus de lui, tandis que, de l'autre, il prenait appui sur un muret pour sauter à l'intérieur d'un fortin tenu par les Japs un peu comme les racailles sautent les portillons du métro. Sur le côté, trois photos où l'on pouvait voir une scène de baiser et l'image des deux autres rôles principaux.

Les affiches des films de guerre américains étaient superbes et donnaient vraiment envie de voir le film. D'ailleurs, l'affiche était déterminante dans le choix des films. Mon angoisse, c'était les films français, qu'on reconnaissait à leurs affiches chiantes. J'ai en mémoire *Les Dimanches de Ville-d'Avray*, où l'on voyait Hardy Krüger et Nicole Courcel se tenant par la main devant un arbre mort, un jour de novembre.

Il existait un rituel des séances de cinéma. Arrivé à sa place, on se relevait aussitôt pour un regard panoramique sur la salle afin de voir si l'un de nos potes était présent. Comme il était avec ses parents, on se contentait d'un signe discret, mais on savait que le lendemain, à la récré, on serait deux à raconter le film. Puis, on se rasseyait et on s'amusait avec le rideau de publicités locales. Le jeu consistait à trouver un mot figurant sur le rideau, et celui qui était à nos côtés devait le trouver au milieu de toutes ces pubs. Évidemment, l'idée, c'était de trouver un mot écrit en tout petit dans la pub coincée dans un coin de l'écran. L'astuce consistait à choisir un mot qui apparaissait plusieurs fois, « qualité » par exemple, et votre voisin s'exclamait : « J'ai trouvé ! "Pour des bijoux de qualité, rendez-vous à la bijouterie Broussolle". » Et en fait, c'était la qualité du salon de thé Duchesse-Anne, écrit en tout petit, « maison de qualité depuis 1923 ». Puis, simultanément, les lumières s'éteignaient lentement au fur et à mesure que le rideau se relevait sous nos ahhh ! de contentement... D'abord, les actualités Pathé, journal avec son impressionnant générique, cette musique martiale avec le coq qui s'égosillait à la fin, et qui s'enchaînait sur une musique plus douce sur laquelle un type avec une voix de sociétaire à la Comédie-Française déclamait : « Comme à chaque nouvelle année, le président René Coty a reçu les corps constitués à l'Élysée avec lesquels il a partagé une galette des rois géante confectionnée par le pâtissier Lenôtre. Le président, qui eut la bonne fortune de trouver la fève, déclara : "Je suis sûr qu'elle portera chance à la France." »

Puis venait le documentaire consacré à une expédition polaire de Paul-Émile Victor ou à une pittoresque tribu de Pygmées vivant au pays Dogon, dont le commentateur trouvait tellement paradoxal de rappeler qu'ils étaient citoyens français, et enfin un dessin animé. Généralement un *Tom et Jerry*. Puis l'entracte au cours duquel il y avait une attraction. Généralement un numéro de cirque, un type qui faisait tourner des assiettes sur des tiges, en courant d'une assiette à l'autre dès qu'elles menaçaient de tomber. Son truc, c'était de créer le suspense en allant au dernier moment relancer une assiette prête à chuter.

Puis les gens de La roue tourne passaient distribuer leurs enveloppes au profit de la maison de retraite des comédiens nécessiteux. Ils vous ont fait rêver sur l'écran, alors rendez-leur un peu du bonheur qu'ils vous ont donné.

Soudain, un jeu de rideau réduisait la taille de l'écran tandis que la salle se rallumait partiellement, et Jean Mineur se pointait avec son piolet de mineur qu'il envoyait au cœur d'une cible où figurait son célèbre numéro de téléphone Balzac 0001, qui lançait les pubs. D'abord, les classiques, les Dim, les bonbons Régal'ad, les transistors Pizon Bros, le rasoir prestige de Calor, La vache qui rit si facile à tartiner, Fernand Raynaud dans une parodie de son sketch des croissants demandant : « Donnez-moi donc quatre boîtes de raviolis Panzani », Mi-cho-ko de La pie qui chante « sont en vente, sont en vente, sont en vente dans cette salle », et les glaces, les esquimaux de l'entracte Jolly Cône ou Miko Parfait. Et à cet instant, dans une parfaite synchronisation, les ouvreuses faisaient leur entrée avec leur panier d'osier attaché devant elles par des bretelles en lançant leur célèbre « Bonbons, caramels, esquimaux, chocolats ». Et là, une question métaphysique se pose : pour quelle raison le cerveau humain décide-t-il d'imprimer dans les cellules d'un enfant des conneries qui n'en sortiront jamais, qui resteront gravées dans son encéphale jusqu'à sa mort ? Et s'il y a une vie après la mort, sommes-nous condamnés à garder une place dans notre esprit pour ces mots dont un demi-siècle plus tard je me souviens par cœur :

*Un jour de la Martinique, nique, nique,*
*Une fille sympathique, thique, thique,*
*Avec le charme et la grâce*

*Un peu lasse de là-bas,*
*Elle se fit une petite place*
*Comme ouvreuse de cinéma*

*Bonbons, caramels, esquimaux, chocolat,*
*Bonbons, caramels, esquimaux, chocolat !*

*Sa démarche diabolique, lique, lique,*
*Prit les cœurs,*
*Son accent typique, pique, pique,*
*Fit fureur,*
*Si bien qu'à la fin de l'entracte*
*Toute la salle réclamait :*
*« Bonbons, caramels, esquimaux, chocolats,*
*Bonbons, caramels, esquimaux, chocolats ! »*

J'adorais la phrase « la grâce un peu lasse de là-bas » qui correspondait parfaitement à l'allure bienveillante et indolente de la secrétaire antillaise du centre municipal de santé où nous allions passer les visites médicales avant les départs en colo.

Dans les cours de récré des écoles primaires, on chantait à tue-tête une adaptation de cette chanson qui illustrait parfaitement nos fantasmes de l'époque et dont les paroles disaient :

*Bonbons, caramels, esquimaux, chocolats,*
*Toucher les gougouttes à Lollobrigida.*

Même si aujourd'hui je ne fréquente plus guère les cours d'école primaire, je me rends bien compte en l'écrivant à quel point le mot « gougoutte » est tombé en désuétude, tout comme Lollobrigida, dont on a du mal aujourd'hui à imaginer la popularité dans les écoles primaires, en raison probablement du lien freudien que nous faisions entre les deux premières syllabes de son nom et sa poitrine, et les poitrines des femmes. De plus, Gina Lollobrigida était l'héroïne du cinéma que nous aimions à 10 ans, de ces péplums qui nous troublaient par leur pouvoir érotique. Tout le monde y était à moitié dévêtu, les officiers romains portaient des jupettes et les impératrices des robes fendues laissant entrevoir à chaque pas de longues jambes fuselées. Je suis convaincu que *Salomon et la Reine de Saba* et *Hercule et la Reine de Lydie* permirent à une génération de se déterminer sexuellement. La plupart d'entre nous étaient émus par les reines de Saba et de Lydie, certains préféraient Hercule, Salomon et les gladiateurs, mais nous étions tous troublés.

Revenons aux entractes. Pendant que les ouvreuses vendaient leurs friandises, on pouvait voir les publicités locales, diffusées dans l'indifférence, le bruit, la lumière et les annonces des ouvreuses. C'était de la pub *low cost* à la pellicule usée et aux couleurs passées. Sur l'image orangée, striée de rayures, on voyait Michel et Martine sourire niaisement et tendre le bras vers la porte de leur restaurant comme s'ils nous invitaient à y entrer tandis que la voix off, dont des bribes étaient effacées par la dégradation de la bande sonore, disait : « Dans un cadre élégant et raffiné, Martine et Michel vous accueillent à La Bonne Marmite où, près du feu de cheminée, vous pourrez déguster une cuisine gastronomique délicate et savoureuse. Un apéritif vous sera offert en guise de bienvenue. Retenez cette adresse de prestige et de convivialité : À La Bonne Marmite, 36, rue Paul-Vaillant-Couturier, Argenteuil. »

Et puis, les veilleuses restées allumées pendant la publicité s'éteignaient, les deux pans de rideau qui mordaient encore un peu l'écran se retiraient définitivement et de la salle montait un aahhhhh ! de bonheur tandis que, sur l'écran, l'entame de la pellicule faisait défiler le compte à rebours magique que nous reprenions en chœur, et tant pis si le trois était à l'envers, c'était comme un départ de fusée vers le bonheur.

Le Majestic était le dauphin du Lutetia. Moins grand que ce dernier, il possédait néanmoins un certain prestige, car il était situé dans la grand-rue, au cœur d'Argenteuil. À la fin des années 1960, il devint même le premier des cinés d'Argenteuil en se transformant en multisalles avec de la moquette orange partout et de la musique d'ambiance dans les couloirs. C'était notre cinéma préféré, car sa programmation était essentiellement constituée de péplums, de films de cape et d'épée (toucher les gougouttes, etc.), de films de guerre américains et de westerns. Et puis, surtout, nous allions au Majestic pour « emballer ». Une ouvreuse de ce cinéma était bossue, et une légende urbaine courait dans Argenteuil affirmant que, si l'on parvenait à toucher la bosse de l'ouvreuse du Majestic en entrant dans la salle, elle nous porterait bonheur et on était sûr d'emballer. Alors nous inventions des stratagèmes grossiers pour toucher la bosse. Lorsqu'elle descendait l'escalier de la salle devant nous en nous guidant de sa lampe, nous faisions semblant de trébucher sur une marche et, en nous rattrapant à elle, nous touchions sa bosse.

Il y avait Le Lutetia, Le Majestic et les autres. Une pléiade de cinés de quartier, Le Vox, Le Casino à Orgemont, L'Olympic dans la côte de Sannois, qui diffusaient des séries B américaines. Il y avait aussi L'Éden, rue de Gode, mais personne n'allait rue de Gode, sauf « ceux de Gode », car c'était le pire endroit de la Terre. Une cité d'urgence où même les flics n'entraient pas, surtout pas les deux flics à vélo, hirondelles du quartier, un grand mince et un petit gros que tout le monde à Argenteuil connaissait sous le nom de Laurel et Hardy, et dont on avait grossièrement peint l'effigie sur le mur latéral du premier bâtiment de la cité de Gode avec cette injonction : « Laurel et Hardy dehors ! »

Le cinéma de mon quartier, Les Champioux, se nommait Le Gaîté. Il était à quelques minutes de la maison, avenue Jean-Jaurès, mais ma mère ne voulait pas que j'y aille car, disait-elle : « C'est trop près du bidonville et il y a trop de Nord-Africains. » Le Modern était situé tout près de mon école primaire Ambroise-Thomas, dont il était le cinéma officiel. À Noël, on nous emmenait voir un Disney. Je me souviens que les grands nous viraient des bonnes places dans les premiers rangs et que, la première fois où je suis allé dans ce ciné, je m'étais retrouvé au dernier rang, au rang Z, et pendant l'entracte, en lisant les lettres au dos des fauteuils près de l'allée centrale, j'ai appris la fin de l'alphabet.

« C'est rond », avait l'habitude de dire Simone Signoret lorsque l'enchaînement des choses était cohérent et semblait obéir à une évidence cosmique.

Mon histoire avec Le Lutetia est ronde. Ce cinéma a été transformé en une très belle salle de spectacle et, il y a quelques mois, j'y ai joué mon one-man-show. J'étais d'autant plus ému que cette salle est située rue de l'Abbé-Fleury, juste en face du collège Paul-Vaillant-Couturier. Dans ce collège, alors que j'étais en sixième, il m'est arrivé une histoire troublante. Je suis tombé amoureux d'un garçon. À l'époque, les collèges n'étaient pas mixtes et, à Paul-Vaillant-Couturier, il n'y avait donc que des garçons. J'imagine qu'à 12-13 ans, quand s'éveille notre activité hormonale, elle se polarise sur ce qui nous entoure, et comme je n'étais entouré que de garçons, je suis tombé amoureux de M. Il ressentait la même chose à mon égard, et comme, en dehors du collège, nous nous retrouvions au catéchisme, cet amour prit une dimension tourmentée et mystique. Nous nous passions des mots en classe sur lesquels nous écrivions : « Que Dieu bénisse notre amour. » Avant de m'endormir, je dessinais à l'aide d'une bougie rouge une croix sur le tee-shirt qui faisait office de pyjama afin que cette communion nocturne avec Dieu sacralise notre relation. Un matin, mal réveillé, je suis allé prendre mon petit déjeuner en oubliant de changer de tee-shirt et je suis arrivé dans la cuisine avec ma croix rouge. Ma mère, d'une voix calme, m'a demandé : « C'est quoi, ça ? » Je cherchais quelque chose à balbutier et c'est mon enfoiré de beau-père qui me sauva la mise en disant : « C'est encore ses conneries d'"Ivanhoé". On voit bien que c'est pas toi qui fais la lessive. »

Quand je dis que cet amour nous tourmentait, ce n'était pas sur le plan sexuel. Les soirs d'hiver, en quittant l'étude, il faisait nuit, pour quitter le collège il fallait traverser la cour, passer devant la longue rangée d'urinoirs séparée de la cour par un muret. On se cachait derrière le muret et on s'embrassait. Mais cette manifestation physique nous décevait. Alors on décida de se montrer nos bites. On se retrouva un soir derrière le muret, chacun défit son pantalon en disant : « Voilà. » On regarda à peine ce truc qui ne nous inspirait aucun désir, aucune envie de le prendre dans la main, de le caresser, sans comprendre pourquoi. Ce n'est que plus tard que j'ai compris l'histoire des hormones rendues anarchiques par l'absence de filles.

Quelques mois plus tard, j'avais invité Violette, la fille du boucher de l'avenue Jean-Jaurès, avec laquelle on jouait depuis des années. On avait construit des cabanes sur le terrain vague de la rue de l'Abbé-Ruellan, elle jouait à la maîtresse et les petits du quartier étaient ses élèves. Moi, j'avais son âge, 12 ans, mais dans une attitude de soumission je jouais à être son élève. Il y avait du sadomasochisme dans sa sévérité, mais aussi du glamour, et elle avait promis un baiser à celui qui serait premier à la fin de l'année. Ce fut évidemment moi, les autres avaient 7 ans. Mais nous étions trop timides pour reparler de cette promesse de baiser. Je l'invitai au Lutetia. Je me souviens qu'ils jouaient un film intitulé *Mademoiselle Scampolo*, dans lequel Romy Schneider tenait le rôle d'une guide touristique italienne. Elle tombait amoureuse d'un beau voyageur et, au moment où ils s'embrassèrent, j'embrassai Violette. Je ne savais pas si elle savait, alors j'ai été prudent avec la langue. J'ai bien fait. Elle ne savait pas. Elle colla ses lèvres contre les miennes et les appuya très fort en soupirant de désir.

Ce fut ma première érection. Je compris alors que ma sexualité était de ce côté de la rue.

Le soir d'avril 2012 où j'ai joué mon spectacle dans cette salle, j'ai pensé très fort à un film tombé dans l'oubli qui s'intitule *Mademoiselle Scampolo*.

# 9
# De Gaulle, le Grand Charles

Le taulier. Le boss. Dans les bistrots d'Argenteuil, les prolos, pour la plupart communistes pourtant, l'appelaient « le Grand Charles » avec respect et enlevaient leur casquette lorsqu'il apparaissait sur l'écran de la télé au-dessus du bar. Au début des sixties, il y avait encore peu de téléviseurs dans les foyers, surtout à Argenteuil. Alors les gens regardaient les conférences de presse du Général dans les cafés ou s'attroupaient sur le trottoir devant les magasins d'électroménager. Pourtant, ses premières prestations télévisées furent catastrophiques. De Gaulle, habitué aux discours radiophoniques, lisait son texte avec ses lunettes à double foyer. Mais, très vite, il comprit le formidable outil de communication que pouvait constituer la télévision et apprit à s'en servir en faisant le show à chacune de ses apparitions télévisuelles, notamment lors de ses conférences de presse qui resteront comme les premiers chefs-d'œuvre de communication par l'image. L'idée de génie, c'était le contraste entre le côté impressionnant du cérémonial protocolaire, l'Élysée, le carré des ministres, le Général lui-même, géant en uniforme, et puis soudain la locution humoristique, surréaliste parfois, qui créait une connivence, une proximité avec les journalistes et avec le peuple.

De Gaulle inventa la petite phrase qui fait le buzz. À chaque conférence de presse, on l'attendait. Je me souviens de « Pourquoi voulez-vous qu'à 67 ans je commence une carrière de dictateur ? », ou bien « Il est vrai que, parfois, les militaires, s'exagérant l'impuissance relative de l'intelligence, négligent de s'en servir », ou bien encore « Pour faire le blocus de Monaco, il suffit de deux panneaux de sens interdit ». Et puis cette phrase qui résumait ce que nous les mômes pensions de lui : « Au fond, vous savez, mon seul rival international, c'est Tintin ! Nous sommes les petits qui ne se laissent pas avoir par les grands. On ne s'en aperçoit pas, à cause de ma taille. » Et c'est vrai, de Gaulle, c'était Tintin, mais c'était surtout Astérix dont la BD connaissait à l'époque un démarrage triomphal, et le peuple assimilait la France à ce village gaulois qui défiait les Romains et refusait de se soumettre. De Gaulle, c'était Astérix, la France était un village gaulois et les Romains étaient les Américains que de Gaulle défiait sans cesse et dans tous les domaines. Stratégique d'abord, en décidant de faire sortir la France de l'OTAN, renvoyant dans leurs foyers les soldats qui occupaient les nombreuses bases américaines en France. Pire encore, dans son célèbre discours de Phnom Penh, de Gaulle déclara que le conflit engagé par les États-Unis au Vietnam était sans issue, il rappela le droit des peuples à disposer d'eux-mêmes et provoqua la colère des États-Unis en reconnaissant la Chine populaire. Sur le plan monétaire, il remit en cause le dollar en sa qualité de valeur étalon, qualifiant la situation de « privilège exorbitant de l'Amérique » et proposa de le remplacer par l'étalon-or pour les transactions internationales.

Et puis surtout, de Gaulle, c'était un ton. À chacune de ses interventions, il marquait sa position de chef de la nation par la solennité de la mise en scène, l'uniforme, les lunettes à double foyer, un discours à la fois emphatique et majestueux, dans une langue à l'académisme tellement maîtrisé qu'il donnait l'impression de parler avec des pleins et des déliés. La gravité et le lyrisme de son timbre de voix faisaient passer des truismes ridicules pour des phrases historiques, et il parvenait à nous impressionner avec des tautologies. On se souvient qu'il fut acclamé en Normandie lorsqu'il déclara : « Je salue Fécamp, port de mer, qui entend le rester et le restera », au cas où Fécamp aurait décidé de déménager en Lorraine et de devenir un bassin houiller.

Il avait aussi le talent, au moment où son discours risquait de devenir ennuyeux, de dégainer un mot ou une expression que personne ne connaissait : le volapük, la chienlit, un quarteron de généraux, etc.

De Gaulle fut également à l'origine du concept des « entretiens au coin du feu » dans lesquels un journaliste « bienveillant », Michel Droit, ne justifiait pas son patronyme puisqu'il posait au Général des questions qu'il lui avait communiquées trois jours plus tôt et dont il avait aidé à rédiger les réponses. Dans ces entretiens, de Gaulle donna toute la mesure de son talent de communicant, utilisant parfaitement l'art du contre-pied, c'est-à-dire qu'au moment où il développait une idée complexe ou abstraite il l'illustrait par une plaisanterie ou même un délire, en utilisant des « petites phrases » soigneusement répétées dont l'efficacité était impressionnante. La preuve, c'est que, un demi-siècle plus tard, tous ceux qui vivaient à l'époque se souviennent que la première fois où ils ont entendu parler de l'Europe, c'est lorsque, après que Michel Droit eut interrogé de Gaulle sur le « Marché commun », le Général, pris d'une sorte de frénésie, se mit à sursauter sur son siège en disant : « Bien entendu, on peut sauter sur sa chaise comme un cabri en disant "L'Europe, l'Europe, l'Europe !", mais cela n'aboutit à rien et cela ne signifie rien. »

Si on analyse cette phrase, elle ne veut absolument rien dire. Qui peut imaginer un cabri sautant sur une chaise en criant « L'Europe, l'Europe ! »... Mais pour ceux qui regardaient la télé dans les bistrots d'Argenteuil, c'était comme si de Gaulle venait s'accouder à leur côté au bar du Balto et balançait une brève de comptoir. Le Grand Charles devenait l'un des leurs, il savait déconner. Le génie du Général fut de se faire aimer par la classe ouvrière, dont il était socialement à l'opposé. À Argenteuil, bastion de la banlieue rouge, depuis le Front populaire, on votait communiste à chaque élection municipale, et le maire, Victor Dupouy, un ancien ajusteur porté à la mairie en 1936, était réélu à chaque municipale avec plus de 80 % des voix. Pourtant, les mêmes électeurs, pour la plupart encartés au PC ou à la CGT, votèrent pour le Grand Charles à la présidentielle de 1965.

Quand ma mère m'envoyait faire des courses aux Trois Marches, le café-buvette-épicerie-vin à la tireuse près de la maison (voir chapitre suivant), j'entendais les ouvriers de chez Dassault accoudés au bar parler de De Gaulle en l'appelant « le Grand », signe indéniable du lien affectif que de Gaulle entretenait avec les classes populaires.

Le syndrome Astérix se manifestait lors des déplacements internationaux de De Gaulle. Lors de chaque voyage, celui-ci balançait les petites phrases démagogiques qui flatteraient son hôte et renforceraient auprès des Français l'idée qu'il représentait la grandeur de la France. À Mexico, il lança à la foule en délire : « Voici donc ce que le peuple français propose au peuple mexicain : "*Marchemos la mano en la mano*". » Tout le monde se souvient de ça alors que cette phrase ne présente aucun intérêt politique et n'eut aucun effet sur les relations franco-mexicaines. De même, son « Vive le Québec libre ! », qui sidéra la Grande-Bretagne, n'était que pure démagogie, la France n'allait pas armer le Québec pour qu'il fasse sécession. Son chef-d'œuvre dans ce domaine reste quand même le « Je vous ai compris ! » lancé depuis un balcon dominant la place du Forum à Alger, modèle de faucuserie laissant croire aux pieds-noirs que de Gaulle était favorable à une Algérie française dont la suite prouva que ce n'était pas le cas.

Mais si, sur la forme, de Gaulle amusait les enfants que nous étions, sur le fond, paradoxalement, alors qu'il avait sauvé la France en combattant le pétainisme, il maintenait la nation figée dans les valeurs vichystes : travail, famille, patrie. Il ne comprit pas que les temps avaient changé, ne vit pas venir Mai 68 et, comme s'il avait besoin que les Français lui disent qu'ils l'aimaient encore, il leur proposa un référendum sur la réforme des régions et du Sénat, des thèmes dont le peuple se foutait royalement, en annonçant que, si le non l'emportait, il quitterait le pouvoir aussitôt. C'était comme s'il demandait aux Français : « Dis-moi que tu m'aimes. » Ils ne l'aimaient plus et, même s'ils étaient favorables à ces réformes, ils votèrent contre de Gaulle. Dès que les résultats furent connus, peu après minuit, l'Élysée publiait le communiqué suivant : « Je cesse d'exercer mes fonctions de président de la République. Cette décision prend effet aujourd'hui à midi. » Dix-huit mots, pas un de plus, pour prendre acte de ce que Hubert Beuve-Méry, dans *Le Monde*, qualifia de « suicide politique par un coup de roulette russe ».

Il partit se reposer en Irlande. Les photos où on le voit marcher aux côtés de tante Yvonne sur une plage balayée par le vent ont fait le tour du monde, et il mourut l'année suivante, en faisant une réussite dans l'attente du journal télévisé.

Aujourd'hui, c'est le gaullisme qui est mort. Bygmalion l'a *tuer*. Il y a quelque mois, alors que j'étais installé dans un café proche d'Europe 1, un vieux monsieur assis à la table d'à côté me demanda ce que j'écrivais sur mon « machin-là ». Mon « machin-là », c'était l'ordinateur portable sur lequel je commençais à rédiger ce livre. J'en informai le vieux monsieur qui, touché par mon enthousiasme, me lança : « Ah... alors on peut dire que vous l'avez aimée, cette époque ! » « Oui, répondis-je, vous savez, un peu comme dans la chanson de Jane Birkin, on peut dire que je suis un ex-fan des sixties. » Dans un premier temps, il s'assombrit à l'évocation de Jane Birkin. « Jamais vu une femme avec aussi peu de poitrine... » Puis une lueur s'alluma dans ses yeux. « Eh bien, moi aussi, je l'ai aimée, cette époque, parce que c'était le temps du Général. Pour vous, c'était le temps des idoles, moi, mon idole, c'était le Grand Charles. »

Tandis qu'il me parlait, je me mis en pilotage automatique et, tout en hochant la tête à ses propos, je me surpris à taper sur le clavier de mon ordinateur :

*Ex-fan du gaullisme,*
*Où sont mes années folles ?*
*Que sont devenues toutes mes idoles ?*

# 10

# Épiceries-buvettes, sandwichs à toute heure

Si les images de localisation satellite avaient existé dans les sixties et qu'on avait fait ce zoom avant qu'on voit parfois à la télé, qui démarre d'une vue de la Terre depuis l'espace, puis qu'on avait traversé les nuages et que seraient apparus d'abord les continents, puis l'Europe, la France, la banlieue parisienne, Argenteuil, un quartier d'Argenteuil, le mien, qui s'appelle Les Champioux, puis enfin une partie de ce quartier, disons le carré formé par les rues de l'Abbé-Ruellan, Ambroise-Thomas, Chanconnet et Baratier, on aurait dénombré, sur ce carré de moins de 500 mètres, cinq cafés-bars-sandwichs à toute heure, dont un tabac, tous dotés de flippers, trois de baby-foot, deux de juke-box et un de Scopitone, deux boucheries, une chevaline, une charcuterie-comestibles, une pharmacie, un fleuriste, deux caves où l'on vendait du vin à la tireuse, un garage, une remailleuse chez laquelle j'emmenais les bas de ma mère qui avaient filé, deux boulangeries-pâtisseries, trois garages dont une station-service Fina, et une dizaine de boutiques diverses.

Parmi elles, un marchand de couleurs. J'adorais cette boutique sur la vitre de laquelle on voyait la pub Ripolin où trois types écrivaient « Ripolin », le premier, qui était roux, sur un mur, le deuxième, un blond, écrivait sur le dos du roux, et le troisième, un beau brun, écrivait sur le dos du blond. J'enviais le brun dont la blouse restait impeccable. Ça me rappelle un dessin de Reiser représentant une partouze homosexuelle. Les types font une sorte de farandole, mais ce n'est pas par la main qu'ils se tiennent, et le dernier de la chenille s'exclame : « Moi, je suis juste sympathisant ! » Le marchand de couleurs, lui, n'était pas seulement sympathisant Ripolin mais membre actif, car sa blouse était copieusement tachée de peinture. Son magasin sentait l'essence de térébenthine. J'aimais sentir cette odeur lorsque j'allais dans sa boutique pour lui faire remplacer une vitre cassée en jouant au foot ou acheter des fusibles quand les plombs « sautaient ». C'est étrange, j'ai l'impression qu'on ne casse plus de carreaux et que les plombs ne sautent plus aujourd'hui. On allait aussi le voir pour remplacer les bouteilles de Butagaz vides. Il y avait les bleues et les rouges. Putain, qu'elles étaient lourdes ! La mère Butagaz ! C'est un épisode de mon enfance dont je ne suis pas très fier, mais dont le souvenir me fait penser à ces photos de mômes débraillés de Doisneau. La mère Butagaz était surnommée ainsi car elle se rendait régulièrement chez le marchand de couleurs de la rue Baratier, poussant un landau dans lequel une bouteille de Butagaz bleue remplaçait le bébé. Avec mes potes, nous faisions les cons en tournant autour d'elle en criant : « La mère Butagaz a encore eu un garçon ! »

Elle était à moitié folle et vivait dans un petit pavillon de mâchefer au milieu de ses chats. Elle portait par ailleurs d'épais bandages sur les jambes destinés à soulager ses varices. À son retour, nous l'attendions, allongés sur le remblai du terrain vague de la rue de l'Abbé-Ruellan, et nous balancions des cailloux sur ses bandages à varices avant de nous mettre à courir en riant sous ses imprécations.

Dans ce quartier d'Argenteuil, il y avait aussi un magasin Coop, un Primistère ou un Familistère, ou peut-être était-ce un Goulet-Turpin, je ne sais plus, car on n'allait pas dans ces magasins d'alimentation qui préfiguraient les supérettes avec leurs gérants vêtus de blouses blanches en nylon avec sur la poche de devant une batterie de stylos. Nous, on faisait nos courses dans les épiceries-buvettes. Chaque rue avait la sienne. La nôtre, à 30 mètres de la maison, s'appelait Aux Trois Marches. Preuve de l'imagination débordante du patron, car il fallait monter trois marches pour y accéder. On entrait alors dans une grande pièce bruyante et enfumée qui sentait la sciure, le vin et la bouffe, on longeait le comptoir où s'accoudaient des oisifs, des retraités, c'était une clientèle d'habitués. Le couple qui tenait l'établissement connaissait les habitudes de chaque client, par exemple papy Clérisse qui faisait chaque jour les courses, soi-disant pour ne pas que sa femme se fatigue. Dès son entrée, le patron, qui sans le regarder l'avait reconnu à son « M'sieurs dames ! », avait saisi la bouteille de Bartissol et lui avait rempli un verre qu'il poussait sur le comptoir en demandant : « Ça va, papy ? » L'autre répondait : « Et toi, Michel ? » Et sans attendre une réponse qui ne venait jamais, il avalait son verre d'un coup sec, puis se dirigeait vers le fond du magasin, où la patronne tenait l'épicerie, il achetait deux tranches de jambon et un Danone vanille en pot de grès pour sa femme, que la patronne sortait d'une chambre froide en bois vernis qui renfermait des petits suisses en carton de six et de gros bidons de lait en aluminium qu'elle ouvrait lorsque papy Clérisse lui tendait son pot en zinc avec une poignée de bois. Elle puisait le lait avec une énorme louche qu'elle versait dans le pot du père Clérisse. La louche devait contenir un demi-litre, car elle remplissait le pot avec deux louches. Pendant ce temps, le patron avait de nouveau rempli le verre de Bartissol que le père Clérisse vidait au retour avec la même rapidité que le premier. Il disait juste: « Tu notes, Michel » et sortait en lançant « M'sieurs dames! » sans se retourner. Le patron prenait son petit carnet à spirale et demandait: « Y a combien pour toi, Nicole? » Et l'autre lui donnait le prix du jambon, du yaourt et du lait. Michel notait soigneusement, refermait son carnet à spirale et coinçait son crayon sur son oreille. Aux Trois Marches, la plupart des clients payaient le jour de la paye ou de la pension de retraite. J'aimais cette épicerie-buvette, et pas seulement pour les bocaux de verre sur le comptoir de la patronne. Parfois, la patronne disait: « Michel, y a plus de pommes de terre. » Le patron bougonnait: « J'y vais. » Il actionnait un bouton électrique en laiton et céramique et quittait le bar pour ouvrir une trappe dans le sol recouvert de sciure. Je le regardais s'engouffrer dans les entrailles de l'épicerie-buvette d'où il ressortait avec un énorme sac de pommes de terre qu'il portait sur ses épaules. J'essayais, à chaque fois qu'il remontait, de regarder à la dérobée les trésors que contenait la cave, toutes ces réserves de bouffe et de boissons. Je sais bien que vous allez vous marrer tant le symbole freudien est caricatural, mais c'est fou comme cette cave a pu me rassurer.

Puis vint le temps des supermarchés. Le jour où le premier Carrefour ouvrit à Sartrouville, mes parents m'emmenèrent y passer un samedi entier. Ils laissèrent la DS qui avait remplacé la PL17 en révision dans l'immense atelier du magasin avec ses box au-dessus de l'entrée desquels était inscrite leur spécialité: révision, pneus, équilibrage, freins, lavage, etc.

Ce fut une journée initiatique. Nous découvrions tant de choses que ce samedi passa trop vite. Nous déjeunâmes dans la cafétéria à la déco orange qui surplombait le magasin, d'où montait une sorte de musique contemporaine, une symphonie des temps nouveaux constituée d'un brouhaha couvert de temps à autre par les annonces de la caisse centrale qui informait avoir trouvé un sac à main ou un enfant, qui demandait un vendeur au rayon électroménager ou qui nous informait qu'aujourd'hui, à Carrefour, on fêtait l'Alsace avec des promotions exceptionnelles sur tous les produits de cette région. Tout était nouveau. J'étais fasciné par cet alignement de vingt-quatre caisses avec leurs vingt-quatre files d'attente constituées de familles accrochées à leurs chariots en alu débordant de bouffe. De la cafétéria, j'observais le ballet des clients qui longeaient les caisses pour s'arrêter à celle dont les chariots dans la file semblaient les moins remplis. Puis ils attendaient. La fatigue et l'énervement les gagnaient. C'était l'heure des baffes. Devant chaque caisse, des présentoirs débordaient de confiseries et de petits jouets destinés à rendre fous les enfants qui harcelaient leurs parents pour qu'ils leur achètent des chewing-gums, des fraises Tagada, des voitures Majorette ou des sachets de soldats en plastique Starlux. Neuf fois, on entendait l'enfant demander à son père en lui secouant la manche. Neuf fois, le père répondait non machinalement tout en continuant à lire les instructions d'utilisation sur le coffret contenant la perceuse Black & Decker destinée à fixer les tasseaux sur lesquels il comptait poser de la frisette dans la chambre d'amis. À la dixième demande de l'enfant, il répondait par une baffe et, afin de justifier ce geste face à la réprobation silencieuse de la file d'attente, il disait tout fort : « On finit par s'énerver tellement c'est long », et il se déhanchait nerveusement pour regarder « ce qui bloquait devant ». Généralement, le bouchon était dû à un prix manquant. Le scanner n'existait pas et la caissière tapait le code qui figurait sur une étiquette collée sur le produit. Lorsqu'elle s'apercevait qu'un client avait posé sur le tapis roulant un article sans étiquette, on devinait chez elle une certaine jubilation sadique à la façon qu'elle avait de dire : « Là, par contre, y a un problème. » Puis, pour bien signifier à ceux de la file d'attente qu'ils entraient en galère, elle reculait sur sa chaise à roulettes, profitait du changement de position pour faire des mouvements de décontraction, penchait la tête sur chaque épaule, s'étirait, puis elle appuyait sur un bouton qui faisait clignoter le numéro fixé en haut d'un mât à côté de la caisse et, enfin, elle saisissait l'article sans étiquette, le levait à bout de bras en l'agitant pour bien signifier à la caisse centrale quel type de problème elle rencontrait. Quelques instants plus tard, un jeune employé arrivait en rollers, prenait l'article et partait dans les rayons pour y chercher le prix. Dans les allées, il croisait des dames déguisées en Alsaciennes qui justifiaient l'annonce de la caisse centrale en faisant goûter aux clients des petits morceaux de munster piqués sur des cure-dents et servaient du gewurztraminer dans des gobelets en plastique. Après une attente interminable, l'employé en rollers revenait avec un produit identique mais étiqueté. La caissière avançait sa chaise à roulettes, reprenait sa position de travail et les clients se remettaient à vider leur chariot sur le tapis roulant. Là aussi, avec une sorte de perversité, la caissière prenait plaisir à aller plus vite que le client qui vidait son chariot et dont l'épouse récupérait les marchandises qu'elle mettait dans la poignée de sacs en plastique que la caissière lui avait balancée. Ensuite, la caissière annonçait le prix et là encore reculait son siège pour montrer qu'elle avait de l'avance, refaisait des mouvements d'assouplissement de la nuque, pendant que, dans un enchaînement chorégraphique, le mari prenait la place de l'épouse et remettait les sacs en plastique dans le chariot, tandis que l'épouse posait son sac à main sur le tapis roulant, sortait son chéquier, et, au moment où elle s'apprêtait à noter le montant des achats, la caissière s'offrait un petit plaisir et appuyait sur la pédale qui faisait avancer le tapis roulant, puis s'excusait platement tandis que la cliente remettait dans son sac à main tout ce qui s'était renversé et remplissait un nouveau chèque vu qu'un grand trait horizontal barrait le précédent.

Une fois le chèque rempli, la caissière notait soigneusement au dos de ce dernier le numéro de la pièce d'identité et écrivait avec application : « Délivré le 24 avril 1963 par la sous-préfecture du Morbihan. » Je vous laisse imaginer l'état de nerfs dans la file d'attente. C'est à cet instant que l'enfant demandait à son père pour la dixième fois : « Papa, papa, tu m'achètes une voiture ? » Et là, c'était l'heure des baffes.

Au moment où le client quittait la caisse pour aller récupérer sa bagnole en révision, le suivant, soulagé, commençait à poser ses produits sur le tapis et la caissière s'écriait : « Le baril ! » Eh oui, le client précédent avait suspendu un baril de lessive au petit crochet destiné à cet effet à l'arrière du chariot et avait oublié de le poser sur le tapis roulant. De nouveau, la caissière procédait au cérémonial du chèque. La cliente avait beau dire : « Mais vous avez déjà noté ma pièce d'identité sur le chèque précédent », la caissière lui répondait : « Ah, mais par contre, on est obligé de le re-noter pour la compta », et elle parvenait mal à cacher sa jubilation à écrire à nouveau : « Délivré le 24 avril 1963 par la sous-préfecture du Morbihan » sous les grognements de la file d'attente.

Il faut dire que les clients n'étaient pas habitués aux barils. Jusqu'alors, la lessive se vendait en paquets de 1 kilo, dont le fameux Bonux, mais les lessiviers boostèrent le changement d'habitudes en distribuant dans les boîtes à lettres des bons de réduction d'un montant de 5 ou 10 francs, somme importante pour les étudiants que nous étions. À cette époque sans chômage, nous trouvions facilement des petits boulots qui nous permettaient de gagner un peu d'argent de poche pendant les vacances scolaires. Je me retrouvai ainsi un jour dans une centrale d'achat qui regroupait les bons de réduction des lessives auprès de ses magasins adhérents, et se faisait ensuite rembourser par les grandes marques de lessive. Mon boulot était semblable à celui du type qui doit détruire les vieux billets à la Banque de France. Dans une grande pièce en sous-sol arrivaient des sacs entiers de bons de réduction de 5 et 10 francs et mon boulot consistait à les trier par marque de lessive et par montant. Mais je fus très vite submergé par les bons et l'entreprise embaucha un autre étudiant. Il s'appelait Jean-Pierre Darroussin. C'était lui. Il ressemblait au personnage qu'il joue dans le film *Mes meilleurs copains*, baba soixante-huitard que rien d'autre que le théâtre ne semblait passionner. Il rêvait d'intégrer l'école de comédie créée à Reims par Robert Hossein. Il attendait un rendez-vous avec ce dernier.

Évidemment, nous sympathisâmes. À peine deux heures que nous travaillions ensemble à trier nos bons de réduction qu'on échangea un regard, puis on regarda l'océan de bons de réduction et on se regarda à nouveau avec un grand sourire. Le samedi suivant, un copain qui possédait une 2 CV nous emmena faire la tournée des supermarchés de la région parisienne. À cette époque, le remboursement des bons se faisait en espèces, à la caisse centrale, sans qu'il soit nécessaire de justifier de l'achat d'un baril de lessive. Nous changions chacun deux bons de 10 francs, puis nous attendions que l'employée fasse une pause et nous changions deux bons avec sa remplaçante. Puis notre chauffeur allait à son tour changer des bons. À la fin de la journée, nous chantions à tue-tête un succès du moment interprété par un groupe féminin, Les Parisiennes, qui disait : « L'argent ne fait pas le bonheur, celui qui a dit ça est un sacré menteur », en balançant en l'air des billets de 5 et 10 francs dans la 2 CV de notre pote.

Trente ans plus tard, j'ai revu Jean-Pierre Darroussin, invité du « Fou du roi », l'émission de France Inter à laquelle je participais. Son doux sourire et son œil amusé me firent comprendre qu'il n'avait pas oublié nos samedis dans les supermarchés. Mais à la fin de l'émission, je partis très vite sans lui parler, parce que j'avais honte. Pas de ce qui s'était passé trente ans plus tôt, mais de peser 100 kilos de plus qu'à l'époque des bons de réduction sur les barils de lessive.

# 11
# Fantasmes

Nous avions 13 ans et, par une heureuse concordance des temps, en même temps que la musique, nos sens explosaient également. Si j'osais, je dirais que nous avions 13 ans et très envie.

Comme le disait récemment M. Alain Juppé : « On n'oublie pas sa première branlette. » Et l'on n'oublie pas non plus le premier fantasme qui en fut à l'origine.

Je n'ai pas oublié. C'était un jour d'été, après avoir vu une publicité dans un vieux *Sélection du Reader's Digest* qui traînait dans la maison de campagne de mes parents. Je ne sais pas pourquoi, à l'époque, dans toutes les maisons de campagne (cf. « Résidences secondaires ») traînaient des vieux *Sélection du Reader's Digest*. Et dans ce magazine, plutôt austère au demeurant, j'étais tombé sur une publicité qui m'avait ébloui, une pleine page pour

Oufiri, sorte de crème miracle censée donner aux femmes, disait cette pub, la magnifique poitrine des Africaines. Et pour illustrer cette affirmation, un dessin, une sorte de trait au fusain, représentait une Africaine nue de profil dont les seins se redressaient vers le ciel comme un défi aux étoiles. Imaginez l'effet que peut produire une telle publicité sur la libido d'un enfant de 13 ans dans les années 1960.

Oufiri m'a fait grandir d'un coup. Au début de cet été-là, je jouais encore aux cow-boys, et, vêtu de ma panoplie de Davy Crockett, je me réfugiais dans la grange attenante à la maison de campagne, qui devenait mon Fort Alamo et que je défendais contre l'armée mexicaine. Mais après ma découverte de la pub Oufiri, même si je continuais à aller chaque jour dans la grange, je n'y pratiquais plus les mêmes jeux. Chaque jour, je prenais *Sélection du Reader's Digest* et je me jetais sur un lit de paille, affolant une poule sur le point de pondre et qui s'enfuyait en voletant et en caquetant de colère, car c'est là que je voulais m'allonger, à l'endroit précis où un trou entre deux tuiles disjointes dans le toit de la grange laissait descendre un rayon de soleil qui traversait les poussières de paille et tombait pile sur le bout des seins de la dame de la publicité Oufiri, un peu comme si Dieu m'envoyait un faisceau de lumière céleste.

À la rentrée scolaire suivante, la plupart des élèves de ma classe de cinquième avaient franchi le même cap de l'enfance à la préadolescence. Certains, dont les parents n'avaient pas de maison de campagne, avaient remplacé la *Sélection du Reader's Digest* par le catalogue de La Redoute, dont les photos de sous-vêtements féminins, à cette époque bénie où Photoshop n'existait pas, laissaient deviner le bout des seins sous les dentelles des soutiens-gorge et un paradis sombre et mystérieux sous les petites culottes.

Mais très vite, nous abandonnâmes Oufiri et le catalogue de La Redoute pour fantasmer sur les vedettes féminines de l'époque. En classe, nous établissions les hit-parades de la branlette. Je me souviens que France Gall arrivait en tête, suivie de Mireille Darc, qui nous rendait fous avec cette incroyable robe décolletée dans le dos qu'elle portait dans *Le Grand Blond avec une chaussure noire*, d'Yves Robert, et Sylvie Vartan suivait d'assez près... Oui, j'imagine un jeune d'une vingtaine d'années lisant ces lignes, tétanisé, en se disant : « Quoi, Sylvie Vartan... un fantasme ? » À l'époque, mon gars, à l'époque... Je parle des années 1960... Dans ces années-là, même Geneviève de Fontenay était une bombe... Non, là, je plaisante. En tout cas, ce qui est sûr, c'est que dans ces années-là Amanda Lear était un mec canon...

Quoi qu'il en soit, moi, je préférais Françoise Hardy, avec son air triste lorsqu'elle chantait « Tous les garçons et les filles de mon âge ». Bien des années plus tard, je l'ai rencontrée à la radio. Vous ne pouvez pas imaginer à quel point j'étais ému. J'ai failli lui offrir des fleurs avec une carte de visite sur laquelle j'aurais écrit : « Chère Françoise Hardy pour qui nous nous sommes tant branlés, merci. » Mais j'ai eu peur qu'elle n'apprécie pas cet hommage pourtant magnifique et sincère.

Mais revenons à nos branlettes. Parfois, nous faisions des expériences étonnantes. Un jour, mon copain Nanard est venu m'expliquer qu'il avait lu dans une revue spécialisée que des savants finlandais faisant des recherches médicales sur des singes bonobos leur avaient collé des écouteurs sur les oreilles où une voix leur expliquait des rudiments de mathématiques pendant qu'ils se masturbaient... Et d'après les conclusions de cette expérience scientifique, Nanard insistait bien sur le mot « scientifique », après un mois d'écouteurs sur les oreilles, les singes étaient capables d'effectuer des opérations de calcul de base de type addition ou soustraction. Je n'ai jamais très bien compris quel était le processus précis, bien que Nanard ait tenté de me l'expliquer. Je crois que l'orgasme provoquait une sorte de court-circuit des neurones qui leur permettait d'assimiler totalement ce qu'ils entendaient à ce moment-là. J'étais sceptique, mais Nanard insistait : « Si, si, j'te jure que c'est vrai, c'est scientifique, c'est des savants finlandais. » Je me demandais comment un savant finlandais avait pu avoir l'idée d'envoyer un exposé de maths dans le cerveau d'un singe bonobo qui se branle. Quoi qu'il en soit, Nanard en avait déduit que si nous, élèves de cinquième qui étions nuls en maths, nous nous masturbions sur des problèmes d'algèbre, on deviendrait super bons. Pendant trois mois, on n'a pas arrêté. Je me souviens, c'était l'époque des fonctions y = ax + b.

Pour être tout à fait franc, je n'ai pas vraiment progressé en maths, mais à la fin de l'année scolaire, lorsque je me suis rendu chez Gibert Jeune pour revendre mes livres de classe, ils ont refusé de reprendre mon bouquin de maths au motif futile que les pages en étaient collées.

# 12
# Fêtes foraines

Les hommes trimbalent toute leur putain de vie la nostalgie des fêtes foraines de leur enfance.

Bon, je viens de relire la phrase précédente et je suis atterré par sa banalité et son conformisme. Cette tirade est à la littérature ce que sont à la peinture les marines qu'on voit dans les boutiques d'articles de plage dans les stations balnéaires. Et ce « putain » faussement audacieux, pour bien montrer que j'ai toujours la rock'n'roll attitude, on dirait du Bohringer. Mais que voulez-vous, je ressens parfois une certaine lassitude et, dans ces moments-là, je me laisse aller à la facilité.

Je m'en veux d'autant plus d'avoir commencé ce chapitre avec une phrase aussi faible que je voudrais vous faire comprendre à quel point l'arrivée en ville de la fête foraine constituait pour les mômes des sixties l'idéal du bonheur terrestre.

D'abord, les parfums de la fête foraine. Oui, les parfums, pas les odeurs. Mélange de senteurs de barbe à papa, de pommes d'amour, de parfum bon marché des filles, le parfum Bourjois qu'elles achetaient au Prisu et dont la pub disait: « Le parfum Bourjois, avec un *j*, comme joie », d'Aqua Velva de nos premiers rasages, de poussière de terre soulevée par le vent, de pisse sur le bois à l'arrière des stands, et aussi de sperme qui éclaboussait nos draps le soir lorsque nous repensions aux filles aux cheveux crêpés et au maquillage excessif et maladroit qui riaient trop fort près des autos tamponneuses.

C'est sans doute pour retrouver cette sensation que les hommes ont inventé Las Vegas. À 50 ans, je suis allé à Vegas en traversant les États-Unis avec la même exaltation que lorsque je traversais Argenteuil pour aller à la fête foraine qui s'installait chaque printemps dans l'île.

Il n'y a pas d'île à Argenteuil, mais on dit qu'il y en eut une, d'environ un kilomètre de long sur une centaine de mètres de largeur. Au fil du temps, le petit bras de Seine qui la séparait de la ville s'est asséché et est devenu une lande d'arbustes et de taillis immortalisée par les impressionnistes, notamment Monet dans *La Promenade d'Argenteuil*. Le lit du fleuve asséché est devenu le boulevard Héloïse, ainsi nommé en l'honneur de l'héroïne de l'histoire d'amour qu'elle vécut avec Abélard... Je sais que mes digressions vous saoulent, que vous vous fichez éperdument des impressionnistes et de l'histoire d'Héloïse et d'Abélard, car vous avez acheté ce bouquin pour vous replonger dans les madeleines de votre enfance dans les sixties. Je devine même que certains d'entre vous, à la lecture des onze chapitres qui précèdent, sont déçus. Ce sont ceux qui font la croisière « Salut les copains », ceux qui se rendent chaque soir sur le site « Copains d'avant » et qui tremblent d'émotion lorsqu'ils retrouvent Liliane Dumesnil, enfin maintenant elle s'appelle Liliane Mendès, vu qu'elle s'est mariée avec Mendès. Vous vous souvenez de Mendès, le petit trapu qui était dans votre classe en troisième au collège Paul-Vaillant-Couturier mais qui n'est pas allé au lycée. Les études, c'était pas son truc, son père l'a pris en apprentissage dans sa petite entreprise de revêtements de sols. Mendès a repris l'affaire et il est devenu le roi du linoléum. Il a épousé Liliane Dumesnil, et elle a tenu la compta et le secrétariat jusqu'à la mort de Mendès. Oui, Liliane est veuve, car voici qu'arrive le temps des veuves des enfants du baby-boom. Mendès était un gros fumeur. Sur la fin, il fumait beaucoup le cigare, car sa boîte marchait bien et il considérait le cigare comme une revanche sur Paul-Vaillant-Couturier. C'est Liliane qui vous a raconté tout ça dans les mails que vous échangez chaque soir, en vous rappelant les boums aux odeurs d'huile de bagnole dans le garage des Livet. Vous vous souvenez parfaitement du pull shetland qu'elle portait ce jour-là qui laissait apparaître son nombril, et la peau de son ventre si douce qu'elle vous donnait le vertige lorsque vous l'aviez caressée pendant une face slows d'un 33 tours *Rhythm and Blues Formidable*. Et le soir, vous oubliez que vous avez 65 piges, et vous vous rappelez ce moment où vous avez tenté de glisser votre main dans son jeans en velours noir, après l'avoir jouée hypocrite, centimètre par centimètre, jusqu'à sentir sous vos doigts le début d'un duvet, et c'était comme si un orchestre symphonique se mettait à jouer le « Alléluia » du *Messie* de Haendel dans votre ventre. Vous avez pensé : « Putain, ça y est, Liliane va me laisser toucher sa chatte, surtout ne plus bouger la main, marquer un temps d'arrêt pour ne pas l'affoler. » Vous avez dansé quelques instants comme ça, collé à elle dans une position grotesque en raison de la main sous le jeans en velours, et vous êtes resté comme ça, la main immobile, juste au-dessus de sa chatte, comme vous le faisiez au-dessus des mouches pour les rassurer avant de les attraper. Mais, de la même façon que les mouches parvenaient toujours à s'échapper dès que votre main descendait sur elles, avec Liliane, avec toutes les Liliane des boums de nos 15 ans, c'était la même chose. On gardait la main immobile avec, au bout des doigts, la douceur d'un duvet d'adolescente, et puis on se décidait à descendre imperceptiblement la main vers la création du monde, et c'est là que Liliane la saisissait et la faisait remonter sur son ventre. De toute façon, la série de slows se terminait, ils rallumaient les lumières, et le mec à acné et lunettes qui s'occupait du Teppaz balançait « My friend Jack », par les Smoke, pour que tous les nazes qui n'avaient pas emballé puissent se défouler en dansant le jerk. Et quand tu les voyais faire des figures à la con, genre je me bouche le nez et je m'accroupis peu à peu comme si j'entrais dans l'eau, ou bien je mets ma main comme une visière de casquette au-dessus de mes yeux et je tourne la tête de droite à gauche puis en sens inverse, un peu comme un Indien qui guette la caravane, tu comprenais pourquoi ils n'emballaient pas. À ce propos, Céline Dion danse comme ça sur les chansons rapides, elle trouve que ça fait rock ! Donc, si vous vous faites une joie de retrouver les fêtes foraines de votre enfance, sautez les deux pages qui vont venir, vous arriverez directement aux autos tamponneuses et à la barbe à papa. Mais vous allez rater la plus belle histoire d'amour qui ait existé, car Roméo et Juliette ou Tristan et Iseult sont des fictions.

Sous le règne de Louis VI, Abélard, fils d'un riche seigneur, a la passion des lettres et des études. À 22 ans, il dirige les écoles de Corbeil et de Melun, mais il se destine à l'Église. Un jour, le chanoine Fulbert l'invite à enseigner les sciences à sa nièce de 17 ans, Héloïse, placée au couvent d'Argenteuil. La jeune « nonne » est séduisante, déjà savante pour son âge, et dès leur rencontre naît une incroyable passion. Séduite par son précepteur, Héloïse est bientôt enceinte et, afin de fuir le scandale, le couple se réfugie en Bretagne, chez Abélard, où ils se marient discrètement. L'enfant naît, mais aucun texte n'en parle et personne ne sait ce qu'il advint de lui. Rentrée à Paris, Héloïse est nommée prieure du couvent d'Argenteuil. Mais l'oncle Fulbert, qui a appris l'histoire, veut venger l'honneur de sa nièce et envoie deux hommes de main émasculer Abélard. Le roi, apprenant cela, fera châtier les agresseurs et punira l'oncle en le privant de ses ressources liées aux bénéfices de l'Église. Mais ce drame n'a pas séparé le couple, Héloïse ne renoncera jamais à son bel amour, désormais platonique, et ce mari qu'elle a pleinement aimé sera son compagnon pour les années qu'il leur reste à partager. À dater de cette époque commence entre les deux époux une magnifique correspondance en latin, mélange étonnant de piété et de passion.

À 15 ans, toutes les histoires d'amour ont la force de celle d'Héloïse et d'Abélard. Il suffit juste de changer quelques détails, les noms, bien sûr, Guy Carlier à la place d'Abélard et Martine Paris à celle d'Héloïse, et le lieu de la rencontre, à savoir l'allée entre les autos tamponneuses et le train fantôme de la fête foraine d'Argenteuil à la place de l'allée du presbytère au couvent d'Argenteuil. Comment ça, moins romantique ? Mais le romantisme, c'est comme la vulgarité. Certaines personnes peuvent dire « bite », « chatte » ou « couilles » sans que ce soit vulgaire, et d'autres qui s'offusquent à ces mots sont vulgaires rien qu'en te disant bonjour. Certains mêmes ont de la vulgarité dans le regard. Eh bien, le romantisme, c'est pareil. Le romantisme, ce n'est pas offrir à une femme une rose rouge achetée à un Sri Lankais dans un restaurant russe tandis qu'un tzigane en queue de pie joue avec son violon une mélodie mélancolique. Non, ça, ce n'est pas romantique, et si tu dis au Sri Lankais : « Vous me rendez 40 euros », parce que tu n'avais qu'un billet de 50 avec lequel tu as payé la rose, ça, c'est vulgaire.

Martine Paris ! Mon Dieu, qu'elle était belle ! Elle faisait partie des filles choucroutées, trop maquillées, qui nous attendaient près des autos tamponneuses. Je me souviens précisément de son premier sourire. Je venais de m'installer dans mon auto tamponneuse encore à l'arrêt car le patron à la caisse racolait les derniers clients dans une sono à l'écho poussé au maximum tandis que son assistant sautait d'un marchepied pour ramasser les tickets. Je la regardais avec insistance, elle faisait semblant de ne pas s'en apercevoir et hochait la tête pour acquiescer aux propos d'une de ses copines, mais soudain elle tourna la tête vers moi pour m'offrir le plus beau sourire que j'aie reçu de ma vie. Je lui souriais également et le temps s'arrêta. C'est comme si nous faisions l'amour pour la première fois. Ses copines nous regardaient en riant, hurlaient qu'on était amoureux, mais les chahuts et les clameurs de la fête étaient devenus cotonneux, nous étions recouverts de silence et d'amour comme si nous étions soudés l'un à l'autre pour l'éternité. Rien ne pourrait jamais nous séparer. J'étais si loin que je ne me suis pas rendu compte que le patron avait balancé le courant pour que le chaos commence... Un choc terrible dans mon dos me propulsa vers l'avant, ma tête heurta le volant et mon arcade sourcilière explosa. Un militaire roux au béret plié dans une épaulette venait de heurter mon auto tamponneuse. Les filles crièrent, on coupa le courant pour arrêter les voitures, le type qui ramassait les tickets courut vers moi pour me demander comment j'allais. J'allais bien. Je sentais le sang qui coulait sur ma joue, j'avais conscience que ce n'était pas grave mais très impressionnant et que Martine devait penser que j'avais une gueule de héros. Elle était penchée sur moi, inquiète, alors je lui souris en poussant un léger gémissement de douleur tandis qu'avec son mouchoir elle épongeait le sang qui coulait sur mon visage.

Lorsque nous abandonnâmes les autos tamponneuses pour parcourir les allées de la fête foraine, nous étions devenus un couple officiel. Nous passions, main dans la main, devant les stands de loterie éblouissants de lumière qui éclairaient des lots rutilants que personne ne gagnait jamais. Il y avait cette grande roue divisée en parts de camembert dans lesquelles était écrit le nom d'un lot, tout autour de laquelle étaient fixées des petites tiges de métal qui faisaient un bruit de crécelle, « trrrrrrr », en passant sur la lame au-dessus de la roue qui la ralentissait jusqu'à l'arrêter, mais au moment où elle semblait s'immobiliser et que, dans la foule, quelqu'un poussait un cri de victoire, la roue semblait trouver la force d'un dernier sursaut, la lame métallique glissait sur une dernière tige et la roue s'arrêtait sur la zone suivante, et tandis qu'un autre poussait un cri de victoire, le patron du stand s'écriait : « Encore un heureux, encore un veinard, il a gagné un canard ! » Et d'un casier de bois grillagé, il sortait un palmipède, lui attachait les pattes et le donnait ainsi au gagnant.

Elle avait froid devant la roue des canards et j'avais posé mon blouson sur ses épaules. Elle me remercia d'un baiser que je n'oublierai jamais parce qu'on ne peut pas oublier le goût de la salive d'enfant d'un baiser donné à une fille qui porte ton blouson sur ses épaules, éclairée par les lumières vives d'une loterie de fête foraine, dans les odeurs de barbe à papa, tandis que tu entends un canard qui cancane de colère dans l'indifférence totale d'un type qui vient de le gagner et qui le tient par les pattes attachées. Après un tel baiser, je faisais mon crâneur à chaque attraction. Je lançais de toutes mes forces des avions en alu qui faisaient des huit sur des rails, je tapais dans un punching-ball pour déclencher une sirène et des lumières clignotantes qui signifiaient qu'on avait atteint la force maximum, je tirais à la carabine sur des ours qui défilaient pour lui offrir une de ces poupées hideuses que les filles posaient sur leur couvre-lit en déployant leur robe en corolle. Elle se blottissait contre moi lorsque je l'emmenais dans des attractions qui la terrorisaient comme le train fantôme, la chenille ou le grand huit, avec ce moment terrible où le chariot s'arrête un instant au plus haut du manège, le temps de nous laisser voir les rails qui plongent dans le vide, et qu'il commence lentement puis de plus en plus vite sa descente infernale. J'entends encore ses cris de terreur mélangés aux imprécations du bonimenteur du manège : « Roulez, roulez, jeunesse, roulez, de la vitesse, encore de la vitesse, toujours plus vite, toujours plus fou, toujours plus fort ! »

J'étais devenu John Wayne lorsque nous nous sommes retrouvés devant une baraque de lutteurs. Il y avait toujours foule devant les baraques de lutteurs, l'une des plus populaires se nommait Jackson, devant laquelle se tenaient, sur une estrade, des aboyeurs obèses, la chemise collée par la sueur, et qui éructaient dans un mégaphone des exhortations au public afin qu'il défie cinq ou six lutteurs, catcheurs, boxeurs et autres judokas alignés sur une scène surélevée devant la baraque. On aurait cru des gladiateurs. Un Black culturiste faisait des effets de muscles sous les lazzis du public, un vague Indochinois rebaptisé maître japonais en arts martiaux se faisait chambrer par les voyous à l'énumération par l'aboyeur de pseudo-triomphes dans des épreuves improbables. Nous avions un vice-champion (!) du monde de catch, catégorie mi-lourd semi-professionnel, un finaliste de la coupe du Japon de jiu-jitsu, le gagnant du concours monsieur Muscles africain. Lorsque le bonimenteur demandait à la foule s'il se trouvait parmi elle « des téméraires, que dis-je, des téméraires, des audacieux, que dis-je, des audacieux, des intrépides qui oseront affronter ces champions, à leurs risques et périls car, mesdames et messieurs, les sports de combat ne sont pas sans danger », ces derniers prenaient une posture de défi, croisaient les bras, serraient les mâchoires et regardaient fixement la foule d'un air méchant. À chaque fois, un militaire qui voulait épater sa fiancée se portait volontaire et s'avançait vers la scène en pliant son béret et en le glissant sous son épaulette de chemise. Ce jour-là, ce n'est pas moi, c'est John Wayne qui a levé le bras en criant : « Moi, moi ! Ils sont bidons, tes mecs, c'est que d'la gonflette ! » Le patron de la baraque profita de ma provocation pour inciter le public à « entrer à l'intérieur » pour constater à quel point j'allais regretter mon audace. Des types des cités qui aimaient la bagarre, eux, levèrent également la main et, enfin, deux ou trois autres types, un peu trop vieux, un peu trop blasés, se portaient volontaires, et je compris qu'il s'agissait de comparses. Une fois le public installé dans la baraque autour d'un ring minuscule, le présentateur disait : « On a eu beaucoup de candidats aujourd'hui. Comme il n'y a que trois combats, je vais être obligé de sélectionner parmi les candidats. » Et il choisissait les trois compères qui jouaient une comédie grossière. Soulagé de ne pas avoir à me battre, j'en fis des tonnes et, comme je commençais à gueuler que c'était bidon, deux ou trois malabars m'ont dit : « Bon, d'accord, tu vas te battre. Viens, on va te montrer les vestiaires pour te préparer. » En réalité, ils m'emmenèrent à l'extérieur en me conseillant de déguerpir si je ne voulais pas avoir d'ennuis tandis que l'un d'entre eux me montrait un cran d'arrêt au manche nacré en disant : « Ce truc-là s'appelle une navaja. Ça sort d'une usine d'Albacete, en Espagne, et ça entre dans le bide des caves. » Martine m'offrit une barbe à papa pour me récompenser de mon courage. Je n'oublierai jamais ce mouvement de la tête qu'elle faisait pour rattraper du bout des lèvres un morceau de barbe à papa qui allait tomber.

La fête foraine, c'est comme ces traits qu'on dessine chaque année sur les murs de la chambre de l'enfant en posant un crayon sur sa tête. À chaque nouveau trait, on est étonné de l'espace avec le précédent qui signifie combien, sans s'en rendre compte, on a grandi.

En grandissant, on n'allait plus à la fête foraine pour les mêmes raisons. Peu à peu, on abandonnait les bonheurs sucrés de l'enfance pour les bonheurs sexués de l'adolescence.

À chaque nouvelle fête foraine, j'abandonnais aux « petits » les attractions qui m'avaient fait battre le cœur l'année précédente. Le manège pour lequel je faisais prendre à ma grand-mère des carnets de dix tickets parce que je ne voulais pas quitter le volant de la voiture de pompiers, dont la caissière m'aimait bien parce qu'elle avait un fils qui se prénommait Guy, et qui me laissait attraper la queue du Mickey qui donnait droit à un tour gratuit, céda la place l'année suivante à un manège d'avions. J'ai oublié la sensation dans le creux de ma main des leviers de vitesse de toutes mes voitures, mais je sens encore dans ma paume la boule de Bakélite de la petite manette qui permettait de faire monter ou descendre l'avion du manège à notre gré.

Pourtant, dès l'année suivante, je ne jetais pas un regard au manège des avions, pressé que j'étais d'entrer dans la chenille bâchée. Puis vinrent les attractions aux sensations violentes destinées à crâner devant les filles et ces films porno qu'on regardait dans des espèces de jumelles fixées sur la paroi d'un stand. Pas vraiment des films mais une succession de photos qu'on faisait défiler rapidement grâce à une petite manivelle, animant une femme des années 1930 (le matériel datait de cette époque) qui se déshabillait, nous dévoilant des seins laiteux, des cuisses adipeuses et une toison pubienne terrifiante tant elle était velue. Puis on alla à la fête foraine pour donner le gras de nos rires à la femme la plus grosse du monde et se friter avec les types de Bezons devant le globe infernal du mur de la mort où un motard se mettait à tourner dans tous les sens, et puis on finissait par les nacelles attachées à un énorme bras métallique qui nous envoyaient au ciel tandis que la sono balançait Henri Salvador, « Zorro est arrivé, hé hé, Zorro est arrivé »... Dans *Voyage au bout de la nuit*, Céline évoque les fêtes foraines « où les pauvres vont s'asseoir au bout de la semaine, pour savoir ce qu'ils sont devenus », de la musique, omniprésente, « celle qu'on entend d'aussi loin qu'on se souvienne depuis les temps qu'on était petit. [...] Il en venait sans cesse d'autres ahuris et gueulailleurs pour se tamponner sauvagement et retomber tout le temps en vrac à se démolir la rate au fond des baquets. Et on ne pouvait pas les faire s'arrêter. Jamais ils ne demandaient grâce, jamais ils ne semblaient avoir été aussi heureux. »

Va te faire foutre, Euro Disney...

Va te faire foutre, Vegas.

# 13

# Feuilletons en série

Les feuilletons radiophoniques connurent l'apogée de leur popularité au début des sixties, juste avant que la télévision n'envahisse les foyers français.

Le plus célèbre d'entre tous était « La famille Duraton », diffusé à 19 h 30 sur Radio Luxembourg juste après une grande session d'info intitulée « 10 millions d'auditeurs », ce qui, dans une France de 45 millions d'habitants, donne une idée de la popularité de cette radio. Chaque soir, nous nous mettions à table à 19 h 15, ce qui laissait à nos parents un quart d'heure pour débriefer leur journée, évacuer les affaires familiales courantes, les rendez-vous chez le coiffeur, le dentiste, rappeler que le frigo fait un drôle de bruit et qu'il faut téléphoner au monsieur de chez Toutelec pour qu'il vienne voir ça, « en même temps, tu lui diras qu'il fait de la glace et que ça empêche de fermer la porte du freezer, au fait, il faut aussi penser à acheter un cadeau pour l'anniversaire de mamy Louise, oui, une plante, c'est bien, la dernière fois elle avait été contente avec le caoutchouc »...

On me pardonnera cette nouvelle digression, mais comme je n'ai pas prévu de chapitre « Plantes d'ornement en vogue dans les sixties », je profite de ce passage pour signaler que le caoutchouc connut son heure de gloire à cette époque. À chaque invitation à déjeuner dominicale, les parents ou les amis débarquaient avec cette plante hideuse devant laquelle les hôtes s'extasiaient, et ceux qui l'offraient transmettaient avec application les consignes du fleuriste : « Ne l'arrosez pas trop, passez juste une éponge humide sur les feuilles chaque semaine pour enlever la poussière et qu'il puisse respirer, et surtout ne le coupez pas, enlevez juste les feuilles qui fanent. » On ne coupait pas les caoutchoucs et, dans les foyers des années 1960, on voyait cette plante se développer, et lorsqu'elle était sur le point d'atteindre le plafond, on l'accrochait au mur, comme une guirlande qui finissait par encercler le salon comme un python mort. Lorsqu'un invité sonnait à la porte et que nos parents, en retard dans leurs préparatifs de réception, me lançaient : « On est occupés, va voir qui c'est ! », je regardais à travers le judas et je ne distinguais qu'un caoutchouc qui remplissait l'espace dans son emballage en cellophane.

« Qui est-ce ? demandaient mes parents.

– C'est un caoutchouc.

– Ah bon, alors c'est Denis et Micheline », concluait ma mère.

Après les affaires domestiques, la discussion en venait au plan professionnel. Mon beau-père racontait qu'une fois de plus Pierre Robès, surnommé Robespierre, avait été infect au bureau, abusant de l'autorité que lui conférait son nouveau statut d'assimilé cadre, coefficient 180, qui l'autorisait à émettre des notes de service. Il faut dire qu'à cette époque la position de cadre ou, dans une moindre mesure, d'assimilé cadre, constituait la preuve d'une réussite professionnelle indéniable et que, dans les conversations de magasins, nos mères se débrouillaient toujours pour placer dans la discussion: «Mon mari rentre à pas d'heure, vous comprenez, il est cadre.» À chaque nouvelle acquisition d'un bien d'équipement on entendait:

«Oh! Mais vous avez acheté un lave-vaisselle, mais dites donc, c'est pas donné!

– Mon mari a été adorable, il m'a dit: "La femme d'un cadre ne fait pas la vaisselle."»

Pierre Robès profitait donc de son nouveau statut d'assimilé cadre pour inonder le service comptable de mémos autoritaires. Mon beau-père s'insurgeait contre sa dernière trouvaille: une note de service sur la consommation excessive de carbones par les sténo-dactylos. Je détestais ces discussions de travail de mes parents pendant le dîner. Comme dans un film d'Ennio Morricone, je ne voyais que leurs bouches en gros plan qui mastiquaient les aliments, déformées par la colère et l'ironie amère: «Non, mais à la direction, ils ne sont pas fous, ils s'en rendent bien compte, que Robès est un con et, fais-moi confiance, il ne va pas faire long feu, Robespierre, zou, ça va être vite réglé...» (Ce «zou» qui ponctuait certaines phrases de mon beau-père était la version courte de «ça va être vite réglé», mais sa colère à l'encontre de Pierre Robès était telle qu'il en pléonasmait.) Mon beau-père commençait ses phrases en coupant un morceau de bavette dans son assiette, s'interrompait un court instant, le temps de le porter à la bouche, et à peine commençait-il à le broyer qu'il enchaînait : « Remarque, Robès a du souci à se faire, il paraît qu'à la direction ils envisagent de me faire passer cadre, et ce jour-là, faites-moi confiance, ça sera plus la même limonade. »

Dans un bouquin de Frédéric Dard, j'avais appris l'expression « la polka des mandibules » et je regardais dans la bouche de mon beau-père entrouverte par le flot de paroles les bouchées de viande danser la polka des mandibules tandis qu'il se soulageait de la tyrannie de Pierre Robès. Il cessait à peine de parler pour déglutir, mais le morceau de viande n'était pas suffisamment mâché, et il devait faire un effort pour l'avaler. J'avais l'impression de voir la bouchée passer dans son cou en le dilatant comme un lapin avalé par un python. Un jour qu'il s'énervait en racontant la dernière ignominie de Robespierre, il oublia d'arrêter de parler en avalant sa bouchée de viande insuffisamment mâchée et il faillit mourir étouffé. Ma mère dut le frapper très fort dans le dos et j'eus l'impression qu'elle y trouvait un certain plaisir.

Juste après Pierre Robès, mon beau-père enchaînait sans transition sur la qualité du repas, ça donnait : « Ça, fais-moi confiance, il est mal parti, Robespierre. Il est bon, ton steak. Tu l'as acheté chez Charpin ? » Et ma mère répondait : « Oui, c'est de l'onglet, d'habitude, les bouchers le gardent pour eux, mais je donne la pièce à mon p'tit boucher, l'apprenti de Charpin, comme ça je suis sûre d'avoir de bons morceaux... »

Après Robès et l'intendance venait mon tour et cette question que je redoutais : « Dis voir, y a longtemps qu'on n'a pas signé ton carnet ? » Évidemment qu'il y avait longtemps, vu que ça faisait trois mois que je paraphais moi-même des bulletins de notes terrifiants, avec des

0,5 de moyenne en maths, mais surtout des appréciations désastreuses sur mon désintérêt total pour les cours et ma conduite déplorable. Je répondais néanmoins sans ciller: « Mais si, vous l'avez signé, rappelez-vous, le prof d'anglais a même écrit que je m'intéressais. » Oui, il avait écrit ça, une fois, il y a six mois, parce que je lui demandais la signification de mots de chansons des Beatles. Généralement, si Robès avait bien fait chier mon beau-père dans la journée, j'étais sauvé par le gong, c'est-à-dire le générique de « La famille Duraton ». Le public adorait ce concept familial rassurant et « en temps réel », si l'on peut dire, puisque chaque épisode se déroulait pendant le dîner de la famille à l'heure du dîner des Français. On a du mal à imaginer sa popularité. Et chaque jour, dans les bureaux, les ateliers, la France entière commentait les aventures vécues la veille par la famille Duraton. (Aventure est un mot excessif puisqu'il s'agissait des petits tracas de la vie quotidienne d'une famille de Français moyens.) Robert Lamoureux triomphait sur le même registre avec sa chanson à succès « Papa, maman, la bonne et moi » puis le film du même nom, mais la famille Duraton, c'était la version prolo, c'est-à-dire sans la bonne.

Un autre feuilleton culte de Radio Luxembourg, diffusé à la mi-journée, s'intitulait « Sur le banc ». Jeanne Sourza (l'une des héroïnes de « La famille Duraton ») et Raymond Souplex interprétaient Carmen et La Hurlette, deux clochards « philosophes » qui se retrouvaient sur un banc quotidiennement à la mi-journée pour commenter l'actualité en mangeant un morceau de saucisson et en picolant du gros rouge. La bonne idée de ce feuilleton, c'est que le statut de marginaux des personnages leur permettait des audaces. C'était parfois politiquement incorrect, au contraire de « La famille Duraton » qui n'abordait jamais l'actualité. « Sur le banc » était en quelque sorte le précurseur des « Guignols de l'info ».

De la même façon que *« video killed the radio stars »*, les feuilletons télé remplacèrent nos intrigues radiophoniques, et leurs héros envahirent les cours d'école.

Au début, il y eut « Janique Aimée ». La première série télé dont une femme était l'héroïne, une jolie infirmière qui roulait en Solex tout au long du générique, ce qui nous laissait le temps de nous masturber en regardant ses genoux. La génération suivante se masturba sur les genoux de Véronique Jannot, héroïne de « Pause-café », donc, et de pause branlette. La troisième génération eut moins de chance, puisque l'héroïne du feuilleton télé en vogue était Véronique Genest, qui fit plus pour le jambon Madrange que pour la sexualité des préados.

Moi, mon héros, c'était Ivanhoé. Oui, je sais, ça vous date un homme, son héros de feuilleton télé. Pour les plus jeunes d'entre vous, « Ivanhoé » n'évoque rien, pour les entre deux âges, si je vous dis que Roger Moore interprétait le rôle-titre, vous vous souvenez qu'il fut James Bond et surtout l'un des deux « Amicalement votre », mais pour certains, dont je suis, il fut notre premier héros de feuilleton télé : Ivanhoé.

« Ivanhoé » était diffusé le samedi en fin d'après-midi, juste après le magazine féminin où Maïté Célérier de Sannois expliquait aux maîtresses de maison comment confectionner une robe. Puis la speakerine annonçait : « Et pour nos jeunes amis, voici un nouvel épisode d'"Ivanhoé". Aujourd'hui, notre héros va avoir affaire à forte partie... » Et elle racontait l'épisode, y compris la fin : « Mais, comme d'habitude, Ivanhoé aura le dernier mot et il parviendra à entrer dans le château, déguisé en moine... » La connasse ! Alors nous posions nos mains sur nos oreilles et nous chantions à tue-tête pendant qu'elle parlait.

Ivanhoé était une sorte de Robin des Bois aristocratique et classieux. Le générique de ce feuilleton était magique. On entendait dans le lointain le son d'un cor auquel répondait un enfant qui s'égosillait en criant: « Ivanhoé ! » À cet appel, chacun cessait son activité, les bûcherons quittaient la forêt, les paysans abandonnaient leurs fourches, les villageois prenaient la route, et c'est une armée de gueux qui se mettait en route en chantant:

*Ivanhoé ! Ivanhoé !*
*La vue de ton panache blanc*
*Effraie les tyrans.*
*Le galop de ton coursier*
*Apporte au peuple entier*
*Le bonheur et la liberté,*
*Ivanhoé...*

Au moment où la chanson évoquait le coursier (il s'agit de son cheval, rien à voir avec Speedy Pizza), l'étalon blanc d'Ivanhoé se cabrait au-dessus d'une colline puis restait dressé quelques secondes dans une pose magnifique. Pour mes 10 ans, on m'offrit la panoplie d'Ivanhoé. C'était de la panoplie haut de gamme, pas du Babou ou de la Foir'fouille, il y avait tout, le casque avec son panache blanc et sa visière qui se rabattait, le bouclier, l'épée, la tunique blanche ornée d'une croix de Saint-André, mais aussi la faute de goût, la mouche dans le lait: pour faire Moyen Âge, ils avaient ajouté des guêtres en crépon dont la pointe remontait avec un grelot tout au bout. Après que mes copains se furent foutus de moi alors que je hurlais « En garde, manants ! » en brandissant mon épée tandis que mes grelots tintinnabulaient, je décidai de ne pas porter ces merdes. Curieusement, alors qu'on se moqua de mes guêtres en crépon, personne ne trouva rien à redire au fait que le Ivanhoé qui combattait les manants vêtu d'une panoplie magnifique était chaussé de baskets « Hutchinson ».

L'hiver dernier, passant quelques jours à la montagne, je suis entré dans un de ces chaleureux cafés de station de ski aux murs recouverts de boiseries sombres. Dans un coin, un vieillard, une canne posée à ses côtés, qui portait d'épaisses lunettes à double foyer, regardait sans les voir à travers la baie vitrée les futurs consommateurs qui tapaient leurs chaussures de ski sur le trottoir pour en faire tomber la neige avant d'entrer dans le café. Devant lui, une tasse fumante dont on doutait qu'elle puisse le réchauffer tant il semblait déjà froid. Mais malgré « le naufrage de la vieillesse » dont parlait Malraux, l'homme âgé gardait ce port aristocratique propre aux Anglo-Saxons qui me rappela quelqu'un... Putain ! Roger Moore !

J'ai failli aller lui dire que, cinquante ans après, je n'avais pas oublié l'éclat de son panache blanc, que pour toujours il incarnera le bonheur et la liberté, et qu'il restera mon plus beau cadeau d'anniversaire.

# 14
# Filles

De la même façon que le clergé dénia longtemps l'existence d'une âme aux femmes, il fallut du temps pour que les filles soient admises dans la chapelle rock'n'roll des garçons des sixties.

Car le rock était une affaire de mecs. Lorsque, sur nos lits d'enfants, nous jouions de la guitare avec le manche à balai en prenant des poses devant la glace de l'armoire, on imitait les Beatles, ou bien on faisait Mick Jagger en avançant les lèvres et en regardant du côté droit pendant qu'on tapait des mains du côté gauche... On n'imitait pas Sylvie Vartan. Les filles n'avaient de place que dans nos fantasmes sexuels, j'en ai déjà parlé.

Même si le magazine *Salut les copains* glorifiait les trois grâces qu'il nommait par leur prénom : Sylvie, Sheila et Françoise, vous m'imaginez fredonner « L'école est finie » où « La plus belle pour aller danser » ? Françoise Hardy était moins vulgaire que les deux autres, et surtout on disait qu'elle avait couché avec Mick Jagger, ce qui lui conférait une aura particulière, mais notre première icône rock féminine fut « l'officielle » du chanteur des Stones : Marianne Faithfull. Elle possédait une beauté « anglaise » très académique : cheveux blonds, peau diaphane, yeux bleus, taches de rousseur, et cette image de fille de pasteur anglican contrastait d'autant plus avec sa façon de vivre, pour le moins sexe, drogue et rock'n'roll. La légende dit que, le jour de ses 21 ans, Mick Jagger lui avait offert vingt et un chippendales pour cadeau d'anniversaire, et puis, surtout, elle était totalement *destroy*, au point que les Stones lui écrivirent « Sister morphine », dans laquelle elle chante d'une voix désespérée qui donne le frisson :

*Here I lie in my hospital bed,*
*Tell me, sister morphine,*
*when are you coming round again?*

Sa vie fut une alternance d'errances toxicomaniaques pendant lesquelles elle vécut dans la rue et perdit la garde de son fils, de cures de désintoxication, de retours à la musique, comme en 1979 avec l'album *Broken English*, dans lequel je ne peux écouter « The ballad of Lucy Jordan » sans avoir les yeux qui piquent, et de longues traversées du désert. L'une d'entre elles précéda la sortie de l'album *Before the Poison* en 2004.

Quelques mois plus tôt, en sortant de la Maison de la radio à la fin de l'émission « Le fou du roi », je croisai une petite bonne femme boulotte, entre deux âges, comme on dit par pudeur lorsque l'un d'entre eux est le troisième, aux cheveux blondis par une décoloration déjà ancienne qui faisait apparaître de sombres racines. Comme dans les dessins animés, je la regardai brièvement puis, au moment où j'allais regarder à nouveau devant moi, mes yeux revinrent aussitôt vers elle car je venais de prendre conscience que ces traits épaissis par l'âge et les excès étaient ceux de Marianne Faithfull. Saisi d'une fulgurante pulsion, j'allai vers elle, je lui saisis la main et j'y posai mes lèvres en rougissant. Elle était accompagnée d'un jeune con à lunettes, probablement l'attaché de presse de sa maison de disques, qui fit mine de s'interposer, mais elle, d'abord surprise, me sourit, et pour me justifier, je lui expliquai que je travaillais à Radio France, ce qui instaura un malentendu car elle crut que j'étais le producteur de l'émission qu'elle venait enregistrer. Elle avait une heure d'avance et avait prévu de déjeuner dans le quartier avec son attaché de presse. Je l'invitai avec empressement, elle accepta joyeusement, et le jeune con, trop content d'être libéré, lui dit : « Je vous laisse, je crois que vous êtes entre de bonnes mains. »

Il existe en face de la Maison de la radio un restaurant people bruyant et prétentieux, fréquenté par Hermine de Clermont-Tonnerre, c'est vous dire s'il est vulgaire. Dans cette cantine, le monde de l'audiovisuel joue la comédie humaine. Ce jour-là, le restaurant bruissait de l'affaire Alègre, dans laquelle le président du CSA, Dominique Baudis, ancien maire de Toulouse, était mis en cause, accusé de proxénétisme, de viol, de meurtre et d'actes de barbarie. Il était intervenu la veille au journal télévisé de Claire Chazal, et le moins qu'on puisse dire, c'est qu'il n'avait pas été convaincant, transpirant à grosses gouttes, cherchant ses mots. Et à toutes les tables on faisait des gorges chaudes de cette affaire, chacun connaissait quelqu'un qui connaissait quelqu'un qui avait vu Baudis dans une partouze toulousaine dont il était un habitué sous le surnom de Nénette.

Et me voilà assis face à Marianne Faithfull. J'ai encore des frissons en écrivant cette phrase. Pour oublier à quel point j'étais intimidé et meubler la conversation, je lui commente la carte et, à cet instant, la porte du restau s'ouvre sur... Dominique Baudis. Il était accompagné d'un type que j'avais vu en sa compagnie à la télé, probablement son avocat, et aussitôt le Zébra Square ressembla à un saloon dans les westerns de série B, au moment de l'entrée d'un Dalton. Tous les regards convergèrent vers lui et le restau se mit à bruisser de « Nénette »... On comprenait que sa venue dans cet établissement constituait un défi qui signifiait : « Je fais face. Si vous pensez que je vais me terrer chez moi sous le poids de l'opinion publique, vous vous trompez... » Je le trouvais courageux et j'entrepris de raconter l'affaire à Marianne Faithfull. Elle se passionna pour cette histoire et surtout était bouleversée par cet homme face à l'opinion publique. Elle me dit : « Regarde-les, ils sont en train de le lyncher », et j'eus toutes les peines du monde à l'empêcher d'aller exprimer sa sympathie à Baudis. Elle finit par me dire : « Toi, tu dois y aller. » Alors, suivi des yeux par tous les clients du restau, je me suis levé, j'ai traversé la salle en faisant déplacer les convives car je pesais alors plus de 200 kilos et, arrivé à la table de Baudis, je le saluai en lui disant : « Je suis à table avec Marianne Faithfull et je voulais vous dire, en mon nom et au sien, que nous admirons votre courage. » Il me sourit et me dit : « Marianne Faithfull... Vous souvenez-vous de "As tears go by" ? » Je m'en souvenais, bien sûr, c'était la première chanson que les Stones avaient écrite pour elle. Alors, les yeux dans le vague, Dominique Baudis murmura :

*Smiling faces I can see,*
*But not for me.*

*I sit and watch*
*As tears go by*[1].

En revenant à ma table, je racontai la scène à Marianne Faithfull. À l'évocation de Baudis récitant le texte de « As tears go by », elle se mit à pleurer et s'enfuit très vite vers les toilettes pour cacher ses larmes. La serveuse vint s'enquérir d'un éventuel « problème » touchant le service. Je la rassurai et lui expliquai qui était Marianne Faithfull, qu'elle n'avait pas reconnue. Elle me dit : « Pourtant, d'habitude, je reconnais les vedettes. L'autre jour, on a eu Loana, je n'ai pas hésité une seconde. »

Ce jour-là, dans un restau people bruyant et prétentieux, en allant au secours d'un homme que la foule lynchait, j'étais devenu le héros d'une icône de la chapelle Sixties.

1. « Je peux voir des visages souriants,
Mais aucun pour moi.
Je m'assois et regarde
Tandis que coulent mes larmes. »

# 15

## Flamants et éléphants roses sur la route des Indes

C'était à La Villette, anciens abattoirs reconvertis en immense salle de concert rock, dans les années 1970. J'étais allé voir Pink Floyd avec ma fiancée et j'étais énervé, car elle avait amené une copine avec laquelle elle avait une insupportable complicité, échangeant des secrets de filles à voix basse et éclatant de rire à tout propos alors que j'avais juste envie qu'on soit tous les deux... La tension ne fit que s'aggraver pendant le concert et explosa juste au moment où le groupe éclairait la salle grâce à une boule argentée un peu comme on en trouve dans les bals, mais d'une dimension gigantesque. Il se passa ce jour-là une chose incroyable. J'ai revécu, à la puissance 10, la scène de la boule à facettes de La Porte Saint-Germain avec Alain Chamfort. Des myriades de points blancs se sont mis à tourner sur le public, le plongeant alternativement dans une lumière en pointillé et dans le noir absolu. Le volume sonore était extrême et on ne s'entendait pas, même lorsqu'on s'engueulait. Mais je savais qu'elle criait car, à chaque passage des points blancs, je voyais son visage déformé par la colère. Et puis, au passage suivant, les points blancs n'éclairèrent qu'un siège vide. Elle était partie.

La similitude entre la scène que je venais de vivre et celle de La Porte Saint-Germain avec Toutoune et Alain Chamfort me troubla et devint un classique de nos soirées « pétards ».

On ne peut raconter la génération du baby-boom sans évoquer la consommation frénétique de drogues dites « douces » à partir de Mai 68. Grâce notamment à la musique de Pink Floyd qui s'y prêtait, les joints se mirent à tourner les soirs d'hiver dans nos chambres d'étudiants avec au mur des tentures indiennes et des lumières orangées ou les soirs d'été sur les plages autour d'un feu près duquel un type chantait « Heart of gold », de Neil Young. Nous donnions au shit un alibi politique, spirituel et culturel, persuadés qu'il éveillait nos consciences, qu'il faisait sortir le meilleur de nos neurones, alors qu'il faut bien le reconnaître, qu'est-ce qu'on a pu dire comme conneries lors de ces soirées !

Nous commencions toutes nos phrases par « Tu vois, à la limite, j'veux dire », et dans une dialectique pompeuse où l'on mélangeait un bouddhisme de Prisunic, « Putain, les mecs, j'ai les chakras ouverts », une conscience politique ridicule, « Tu vois, à la limite, j'veux dire, l'avenir, c'est le socialisme des corps », et des actions crétines, comme lorsque j'avais écrit sur la boîte à chaussures dans laquelle je rangeais mes shiloms et mes petites pipes de cuivre afghanes : « Cette boîte contient des machines à tuer les fascistes. » Le shit favorisait aussi les légendes urbaines. On pourrait faire un recueil des conneries qui naquirent un soir de fumette et qui se répandirent ensuite dans le monde entier.

L'une des plus célèbres de ces rumeurs fut la mort de Paul McCartney, évidente puisque, sur la photo du disque, c'est le seul des Beatles qui traverse Abbey Road pieds nus. Et puis cette Volkswagen garée juste derrière les Beatles avec la plaque d'immatriculation 28IF, qui signifie il aurait eu 28 ans si... s'il n'était pas mort... D'ailleurs, en écoutant je ne sais plus quelle chanson à l'envers, n'entendait-on pas distinctement la voix de John qui disait : *« Paul is dead »* ? Quand tu entends n'importe quelle bande magnétique à l'envers, tu entends *« Paul is dead »*... Pareil pour Pink Floyd. On nous avait expliqué que le nom du groupe signifiait « flamant rose ». Pas du tout, ça vient de Pink je-ne-sais-plus-quoi et de je-ne-sais-plus-quoi Floyd, deux bluesmen dont Syd Barrett, premier chanteur et compositeur du groupe, était fan absolu. Un peu comme si un groupe s'appelait Peter et Sloane, ça veut pas forcément dire bellâtre et bimbo...

Roger Waters, Nick Mason et Richard Wright, membres fondateurs de Pink Floyd, étaient des étudiants, mais la plus forte personnalité du groupe était sans aucun doute Syd Barrett, au nom prédestiné puisque très tôt il devient un adepte de la barrette de shit, mais aussi d'autres substances plus violentes. Leur premier album paraît en août 1967. Personne, absolument personne n'avait jamais chanté comme Syd Barrett en 1967. Malheureusement, sous l'emprise du LSD, il devient de plus en plus imprévisible. La tournée américaine que Pink Floyd entreprend à l'automne tourne au désastre, Barrett manifestant des signes de folie de plus en plus inquiétants, il paraît même qu'un jour, en plein concert, il se mit à hurler : « Vive Édouard Balladur ! » Mais peut-être que ça aussi est une légende urbaine. En avril 1968, Barrett quitte de lui-même Pink Floyd et retourne chez sa mère.

Au point qu'avec le recul j'en viens à me demander si Pink Floyd ne signifie pas vraiment « flamant rose ». Je suis sûr d'en avoir vu, ainsi que quelques éléphants roses, en écoutant Pink Floyd.

Et puis vint l'heure des gourous. Il faut dire qu'au départ, c'était une option crédible au futur que nous promettaient nos parents avec les invités du dimanche qui apportaient des caoutchoucs.

Alors une génération prit la route des Indes en 2 CV, en Combi Volkswagen, ou en première classe British Airways pour les Beatles, qui succombèrent également à l'appel de la méditation sous l'impulsion de George Harrison, qui, depuis quelque temps déjà, nous pourrissait les albums des Beatles avec une chanson hindouisante sous l'influence du gourou Maharishi Mahesh Yogi, qui se révéla être un escroc de haut vol.

Pour être franc, je dois reconnaître que nous sautions les plages des chansons écrites par George Harrison. C'était injuste, mais nous ne supportions pas ses compositions orientalistes, généralement des morceaux interminables, accompagnés par des sitars et des tablas.

Nous, on voulait du rock, de la batterie, du quatre-temps, de la clé de *sol*, pas de la musique avec une crotte de pigeon sur le front.

Pourtant, au début, on l'aimait bien, George. En 1965, sur l'album *Help !*, il avait composé le mélodieux « I need you ».

C'est justement sur le tournage du film *Help !* qu'il entend pour la première fois les sonorités indiennes, ce qui l'incitera à se plonger dans la culture orientale par la suite.

À la même époque, il consomme pour la première fois du LSD de manière involontaire : son dentiste, un certain Dr Robert, en a glissé dans le thé lors d'un dîner avec John Lennon ! Ils en firent d'ailleurs une chanson. Quel boute-en-train, ce Dr Robert...

C'est sur l'album *Revolver* qu'Harrison commença à vraiment orientaliser avec « Love you to », puis il part découvrir l'Inde avec Ravi Shankar, célèbre musicien local qui devient instantanément une star planétaire et apprend à George les rudiments du sitar. De retour en Angleterre, George est complètement immergé dans la culture orientale, en témoigne son unique participation à l'album *Sgt. Pepper's Lonely Hearts Club Band,* « Within you without you », au point qu'il arrive à convaincre les autres Beatles de suivre les enseignements du gourou Maharishi Mahesh Yogi, en Angleterre puis en Inde, début 1968.

Des quatre Beatles, c'est lui qui se montre le plus assidu. En août 1967, alors que les Beatles assistent au séminaire du gourou, on retrouve dans son lit le corps inanimé de Brian Epstein, leur imprésario. Les autorités concluent à un suicide aux barbituriques. Les Beatles se retrouvent orphelins et culpabilisent car, depuis leur décision de ne plus se produire en public à l'été 1966, Brian Epstein se sentait inutile.

Après la mort d'Epstein, plus rien ne sera comme avant. Ils ne sont plus aussi soudés qu'avant et, pour tenter de se retrouver, ils rejoignent avec femmes et enfants le Maharishi dans son confortable ashram de Rishikesh, au pied de l'Himalaya, pour une retraite de plusieurs semaines avec, au programme, méditation yoga, nourriture végétarienne, sauf pour le gourou qui s'empiffrait de steaks puis essaya de se taper Mia Farrow qui assistait au stage. Oui, vous l'avez compris, le gourou fut décevant, c'est tout juste s'il ne se saoulait pas au Ricard, coiffé d'un bob avec écrit dessus « Stage de méditation 67 » avec de l'autre côté une publicité pour La Halle aux chaussures. L'expérience désastreuse ne rapproche pas les membres du groupe, bien au contraire. George resta en Inde pour continuer ses cours de claquettes avec Ravi Shankar, Ringo fait l'acteur au cinéma, Paul s'isole pour composer et John, à Londres, se lance dans des expérimentations de tous ordres avec la femme la plus détestée du rock'n'roll, Yoko Ono... Mme Ono, à l'époque en Angleterre, lorsqu'on parlait d'elle, on avait coutume de dire : *« Yoko ? Oh no ! »* Alors on comprit que la fin des sixties était proche.

# 16
# Guitar heroes

Été 1965. Pendant que, dans les campings, Adamo était l'incontestable vainqueur du tube de l'été en braillant qu'il oubliait sa fiancée pendant le jour mais qu'il passait ses nuits à la maudire, nous aussi passions nos nuits à maudire les goûts de notaire des programmateurs radio. Il ne nous restait que les disques.

Je me souviens du retour de vacances de cette année-là. Cette époque étrange des derniers jours d'oisiveté, avec déjà, au creux du ventre, la peur de la rentrée, l'incertitude de savoir avec qui on sera en classe et ces dernières journées de retour à la ville, les achats de fournitures scolaires, les odeurs de cuir, tous ces lieux communs si bien décrits par Levy et Musso. En ces jours de fin août, nous passions nos après-midi au Discobole, gare Saint-Lazare, ou à Lido Musique, sur les Champs-Élysées, à écouter les nouveautés anglo-saxonnes. Les vendeurs nous connaissaient et chaque semaine nous mettaient de côté des trésors que nous écoutions entassés dans les cabines.

Lors de l'une de ces visites au Discobole, l'un d'entre eux, l'œil gourmand, nous tendit un disque et, dès l'écoute des cinq notes du gimmick de l'intro, « dada dadada », nous sommes restés tétanisés en attendant que la voix enchaîne :

*Girl, you really got me goin',*

*You got me so I don't know what I'm doin' now.*

Cette musique simple, métallique et efficace, tranchante comme une lame de rasoir, dans laquelle on entendait les balbutiements du hard-rock, était celle des Kinks, des frères Davies, incroyablement prolifiques, qui chaque trimestre balançaient un nouveau numéro un au hit-parade : « Till the end of the day », « All the day and all of the night », « Tired of waiting for you », « A well respected man », « Dedicated follower of fashion », « Dandy », « Sunny afternoon », « Waterloo sunset », « Lola », etc. Je n'avais plus qu'une envie, aller voir les Kinks sur scène.

L'été suivant, j'ai travaillé en juillet et août à la poste d'Argenteuil pour financer un voyage à Londres les quinze premiers jours de septembre. En cette année de Coupe du monde de foot, les couloirs du métro de Londres sont bombés à la gloire de l'équipe d'Angleterre. Ces graffitis nous informent que Bobby Moore ou les frères Charlton sont des dieux. Pourtant, un intrus se glisse parmi les gloires du foot, un certain Clapton dont on peut lire à la façon du « Dubo, dubon, Dubonnet », *« Clapton... is... God »*...

Comme un autre graffiti disait *« Clapton = slow hand »*, j'ai pensé qu'il s'agissait d'un gardien de but, et puis ma fiancée anglaise de l'époque, Gladys (oui, elle s'appelait Gladys ; non, en fait, elle s'appelait Glynis, mais je ne m'en souvenais jamais, c'était toujours Gladys qui me venait et ça l'énervait parce que c'était un prénom de grand-mère), donc Gladys m'expliqua que Clapton était l'ancien guitariste des Yardbirds, un puriste du blues qui, le jour où les autres Yardbirds décidèrent d'enregistrer « For your love », trouva la chanson trop pop, accusa le groupe de trahison musicale et le quitta.

Johnny a raison. Toute la musique qu'on aime, elle vient de là, elle vient du blues. Le blues est bien antérieur aux sixties, et je n'ai donc *a priori* aucune raison de l'évoquer dans ce remarquable ouvrage, car je ne suis pas du genre à tirer à la ligne en racontant comment il naquit au XIXe siècle dans la moiteur d'un champ de coton du sud des États-Unis, lorsqu'un esclave harassé et humilié par une journée de travail, de retour vers l'étable où il dormait, leva les yeux vers le ciel pour lui adresser une prière et commença à murmurer : « Oh Lord » et, comme il regardait le ciel, s'écrasa le nez contre la porte de l'étable et du coup, son « Oh Lord » prit une dimension sonore tourmentée et douloureuse inconnue jusqu'alors. Le blues était né. Si vous voulez d'autres précisions historiques aussi rigoureuses, écoutez France Musique, vous trouverez bien vers 2 heures du matin un type qui vous donnera les dates exactes, les numéros de matrices et toutes ces choses dont on se fout. L'important à savoir, c'est que le blues a eu deux enfants principaux, le rock et le jazz, le binaire et le ternaire (oui, ça, c'est pour revenir à un peu plus de rigueur après l'épisode de la porte de la grange). Même si le rock et la pop viennent du blues, je n'aurais pas évoqué aussi longuement cette musique si on n'avait assisté en Angleterre, au beau milieu des années 1960, en pleine explosion pop-rock, à un retour du blues basique, une mode initiée par Fleetwood Mac, le groupe de Peter Green, qui sortit en février 1968 son premier album, acte fondateur du blues revival, en réaction à la commercialisation excessive de la pop music.

Un titre de ce disque devient très vite numéro un et, paradoxalement, il ne s'agit pas d'un blues conventionnel mais d'un instrumental languissant intitulé « Albatross », un truc qui ressemblait à une musique d'interlude à la télé.

Fleetwood Mac avait inventé le dogme musical, pas de concessions, pas de facilité, pas de synthétiseurs, une musique brute et authentique. Mais très vite, Peter Green, le leader du groupe, commença à perdre ses bas et devint un mystique illuminé, assailli par des visions qui finiront par nécessiter un internement psychiatrique. À sa sortie, on constata que le diagnostic des médecins qui le déclarèrent guéri était quelque peu prématuré puisqu'il décida de suivre la secte des Enfants de Dieu en se faisant appeler Jonathan.

Sans lui, Fleetwood Mac, délivré du dogme du blues, s'orientera dans les années 1970 vers un rock FM facile, propre et lisse qui connut un certain succès auprès des adolescentes américaines prénommées Sally.

D'aucuns s'étonneront que, dans ce chapitre consacré au blues revival des sixties, je n'aie pas encore cité John Mayall. C'est tout simplement que John Mayall n'est jamais revenu au blues, puisqu'il ne l'a jamais quitté. C'est le Khomeyni du blues, l'ayatollah de l'accord de septième de dominante. « Comment ? Ah bon ? Vous ne savez pas ce qu'est un accord de septième ? » fais-je d'un air faussement surpris alors que cette phrase n'est qu'une manipulation grossière destinée à me la péter. Avec une extrême lassitude, je place mon pouce et mon index entre mes yeux, comme le faisait Lino Ventura pour se calmer quand il était affligé par la médiocrité de son entourage, et je masse légèrement le haut de mon nez en soupirant : « Bon, je vais vous expliquer... Vous vous souvenez de vos cours de musique au collège ? Vous avez appris ce qu'était l'accord parfait constitué de la fondamentale, de sa tierce et de sa quinte. Par exemple l'accord de *do* majeur, c'est un *do* (fondamentale), un *mi* (tierce) et un *sol* (la quinte). Ces trois notes jouées simultanément procurent une sensation paisible de sérénité, de tranquillité. Un *do* majeur, c'est un dimanche après-midi dans le salon d'une grand-mère qui regarde Michel Drucker. Le blues, c'est lorsqu'on ajoute à cet accord parfait la septième note de la gamme, en l'occurrence, dans notre accord parfait de *do*, c'est un *si*. Si, si, c'est un *si*. *Do* = 1, *ré* = 2, mi = 3, *fa* = 4, *sol* = 5, *la* = 6, *si* = 7. Et l'intrusion de ce *si* dans l'accord parfait rend ce dernier dissonant, il nous met mal à l'aise, il nous fait souffrir. L'accord de *do* septième, c'est ce qu'éprouve le petit-fils de la vieille dame, en visite chez la vieille avec ses parents, obligé de regarder Michel Drucker en mangeant des biscuits à la cuiller. »

John Mayall, donc. Vêtu comme Davy Crockett avec le chapeau de castor, un blouson de peau à franges sur lequel il porte comme une écharpe de maire et une cartouchière dans laquelle il glisse des petits harmonicas en guise de munitions. Je l'ai vu jouer une fois au Marquee Club, à Londres, en 1966 et sur l'affiche, sous le nom de John Mayall, on avait ajouté « + Eric Clapton ». Un concert de blues, c'est comme un concert de reggae, tu sautes en l'air les cinq premières minutes et tu t'ennuies pendant deux heures. Comme on n'avait pas envie de s'ennuyer pendant deux heures, avec mon pote Christian Hautreux, après avoir sauté en l'air pendant cinq minutes, nous allâmes nous accouder au bar situé au fond de la salle où, par un délicieux hasard, deux filles, qui visiblement avaient connu l'ennui avant la fin des cinq premières minutes, sirotaient des cocktails verdâtres. « C'est des putes », me glissa Hautreux à l'oreille. Il faut dire qu'elles étaient très court vêtues et pas accompagnées, et au bar pendant un concert... Effectivement, dès notre arrivée, elles s'intéressèrent à nous et, lorsque nous leur demandâmes : « Mais pourquoi n'êtes-vous pas dans la salle ? », elles répondirent d'un air las : « On connaît. » On échangea les conneries habituelles de deux ados en parade nuptiale... « À Londres, ça bouge plus qu'à Paris. » Elles répondaient en nous demandant si on pouvait leur indiquer des adresses de grands couturiers. Hautreux donna l'adresse de Chez Marcel à l'Imbattable, rue Paul-Vaillant-Couturier à Argenteuil, en disant que c'était un styliste très branché. Et comme on entendait l'accord final du concert, Hautreux me glissa à l'oreille en faisant semblant de se retourner : « Je prends la squaw. » La squaw, c'était celle qui portait deux petites nattes et une veste à franges. Ça tombait bien, je préférais l'autre, moins rustique, vêtue simplement d'une minijupe et d'un tee-shirt blanc, un visage d'une beauté remarquable. Et au moment où Hautreux leur proposa de rentrer avec nous à l'auberge de jeunesse où nous logions, près du métro Angel, John Mayall et Clapton débarquèrent, les filles leur sautèrent au cou en disant que le concert était génial. Mayall, s'apercevant de notre présence, leur demanda qui nous étions, elles répondirent que nous venions spécialement de France pour les voir, alors Clapton nous gratifia d'un *« Hi, guys ! »*, ce qui me valut un grand moment de solitude, car voulant faire de l'esprit je répondis : *« It's funny you say "guys", because my first name is Guy. »* Je me souviens encore du silence qui s'installa au bar du Marquee Club de Wardour Street à cet instant.

À propos d'harmonica, signalons que les Moody Blues (oui, les mêmes Moody Blues qui plus tard donneront dans le slow bourgeois, genre: « Permettez-moi de vous ramener, chère Françoise, j'ai mon Austin devant la porte de chez Régine, allons prendre un dernier Vat 69 à la maison. Allongés sur la moquette blanche à poils longs, je vous ferai écouter ma nouvelle chaîne Bang & Olufsen avec les haut-parleurs verticaux qui font ressortir les basses de "Nights in white satin"... »), eh bien, les Moody Blues eux-mêmes, avant de faire danser les chefs comptables, traversèrent une période blues revival, avec notamment une chanson échevelée intitulée « Bye bye bird » qui nous offre le duel le plus sanglant harmonica-voix humaine de la musique des sixties.

Mais revenons à Clapton, qui après les Yardbirds et ses collaborations avec John Mayall décide de former Cream, le premier supergroupe de l'histoire du rock avec le batteur roux Ginger Baker et le bassiste Jack Bruce.

J'ai écrit la phrase qui précède le 25 octobre 2014. Je m'en souviendrai toujours. Ce jour-là, je travaillais sur le bouquin depuis le matin et, un peu las après cinq heures d'écriture, je décidai de remettre au lendemain l'histoire de Cream. Je vais pisser. En passant dans le salon, j'appuie sur la télécommande et, au retour des toilettes, j'entends le journaliste d'une chaîne d'info en continu annoncer que Jack Bruce vient de mourir. Je suis allé chercher le vinyle du premier album du groupe, intitulé *Fresh Cream*, pour revoir Bruce en blouson et casque d'aviateur dans un clair-obscur. Et puis j'ai écouté cet album qui constitue sans aucun doute l'une des plus belles fresques de la chapelle Sixties.

Cream sort un deuxième album en novembre 1967, *Disraeli Gears*, qui s'impose également comme un classique avec le mythique « Sunshine of your love », magnifique chanson, au point qu'à la même époque, aux États-Unis, Jimi Hendrix, lors d'un show, s'interrompt au beau milieu de « Hey Joe » en disant : « Cette chanson est une merde, passons à quelque chose de plus sérieux. » Et en direct, il se met à jouer « Sunshine of your love ».

Cream se sépare après un ultime concert au Royal Albert Hall le 26 novembre 1968. Si elle désole tous les fans du groupe, cette séparation ne laisse aucun regret à Clapton. D'un point de vue personnel, il est très malheureux. Ah, chic, des potins ! Oui, Clapton est tombé amoureux de Pattie Boyd, la femme de son meilleur ami, George Harrison. Pour elle, il enregistre « Layla », l'histoire vécue d'un amour impossible.

Affecté par des problèmes de drogue et de cœur, Clapton est au plus bas. Mais il a décidé de se soigner. Après deux années de lutte, il retrouve la santé, c'est-à-dire qu'il plonge dans l'alcool, et ses activités musicales redémarrent. Au printemps 1973, à Miami, il enregistre *461 Ocean Boulevard*, l'album de son grand *come-back*. Sa version de « I shot the sheriff » devient un tube mondial, et surtout le point de départ de la reconnaissance du reggae et de Bob Marley.

Mais revenons en 1966. Cet été de Coupe du monde de foot, je passe mes journées à Carnaby Street et à Wardour Street avec Glynis. Quand je pense que je suis sorti avec une fille qui s'appelait Glynis ! Les Yardbirds jouaient au Marquee Club et un nouveau guitariste remplaçait Eric Clapton. Il s'agissait d'un des guitaristes studio les plus prisés au monde, James Patrick Page, dit Jimmy Page. Il n'a alors que 22 ans. Mais il a déjà joué en studio sur des dizaines et des dizaines de titres, de « I can't explain » des Who au « You really got me » des Kinks, en passant par « La poupée qui fait non » de Michel Polnareff. C'est son job. Jouer sur les morceaux des autres pour en faire des hits. Car Jimmy a de l'or dans les mains. Pendant deux ans, les Yardbirds vont alors accumuler les tournées, avec un Jimmy Page s'imposant de plus en plus comme un guitariste exceptionnel. Un jour, Jimmy Page entend un inconnu nommé Robert Plant chanter « Babe, I'm gonna leave you ». Vous imaginez bien qu'après ça Jimmy Page annonce à Robert Plant qu'il sera le chanteur de son prochain groupe composé d'un bassiste, John Paul Jones (de son vrai nom John Baldwin), un musicien studio très coté en Angleterre. Il ne reste donc plus qu'à trouver un batteur. Robert Plant se souvient du meilleur batteur qu'il ait rencontré, John Bonham, et réussit à le convaincre de rejoindre ce nouveau groupe. Led Zeppelin était né. Début octobre, ils enregistrent leur premier album, qui connaît un succès immédiat, puis, moins d'un an après, le groupe sort *Led Zeppelin II*, qui en fait un groupe superstar. Surnommé « The Brown Bomber » (« Le Bombardier brun », en rapport avec la couleur de la couverture) par les Américains, l'album *II* de Led Zeppelin restera pendant cent trente-neuf semaines dans les *charts* anglais ! Quelques semaines plus tard, à Copenhague, Eva von Zeppelin, descendante du comte von Zeppelin, créateur des tout premiers dirigeables, a ses vapeurs. Elle s'écrie : « Ils sont peut-être célèbres dans le monde entier, mais ces singes stridents ne vont pas utiliser le nom prestigieux de ma famille sans permission ! » Le groupe ne put que s'incliner et joua donc ce soir-là sous le nom The Nobs, qui signifie « les bites » en argot !

Un autre grand *blues hero* fut sans conteste Rory Gallagher, symbole national irlandais qui fonda le groupe Taste en 1965. En 1970, après une dernière prestation remarquée au festival de Wight, Taste est dissous et Rory Gallagher entame seul son pèlerinage, son chemin de Saint-Jacques, sa quête du Graal, son sacerdoce, vouant sa vie au blues, en gardant tout au long de ces années une rusticité presque provocante. Au milieu d'une pop qui se bowise, il gardera son look jeans, chemise de bûcheron et rouflaquettes, aussi authentique que la musique qu'il joua jusqu'à sa mort, un blues sincère, émouvant et survolté.

À propos de porteurs de chemises de bûcheron, comment ne pas évoquer la branche américaine du blues revival avec le bien nommé Creedence Clearwater Revival, qu'on aurait cru vivant au bord de la rivière du film *Délivrance*, mais qui apporta à la musique des sixties un chef-d'œuvre, « Proud Mary », repris par Tina Turner qui le chanta avec une telle sensualité incandescente que Gotlib en fit une bande dessinée où l'on voyait le micro de Tina Turner grossir au fur et à mesure qu'elle chantait pour finir au paroxysme de la chanson par lui exploser au visage.

Et puis Johnny Hallyday chanta : « Toute la musique que j'aime, elle vient de là, elle vient du blues. » Alors tout le monde rigola et le blues retomba dans l'oubli.

# 17
# La réclame

Le goût d'une madeleine trempée dans une tasse de thé provoqua chez Marcel Proust une bouleversante émotion en lui faisant retrouver les sensations d'une scène identique vécue dans son enfance. Vous imaginez sans peine à la lecture de ce livre que je suis souvent envahi par le parfum des madeleines des sixties. Malheureusement, cette sensation survient généralement lorsque l'actualité me rappelle le nom d'un objet, d'une marque, d'une entreprise des sixties qui disparaît, englouti dans le maelström du monde en marche. Comme ces calendriers de l'Avent dont on éventre une case chaque jour pour y voler une friandise, à chaque fois qu'un souvenir de mon enfance disparaît, il laisse un trou béant dans mon calendrier de *l'Avant*. L'une de ses cases à souvenirs a été éventrée il y a quelques jours, lorsque j'ai vu à la télé la démolition de l'usine Amora de Dijon. Amora ! Les pelleteuses sur l'écran ne détruisaient pas seulement une usine désaffectée mais abattaient également tout un pan de mon enfance, les dîners familiaux de la fin des sixties dans la salle à manger du pavillon d'Argenteuil dont le pot ventru de moutarde Amora, posé sur la table, fut le témoin assidu. Nous regardions la télé en dînant. Un soir, le nouveau président de la République, Georges Pompidou, donnait une conférence de presse. Interrogé sur le drame de Gabrielle Russier, cette institutrice morte d'avoir aimé un de ses élèves, Pompidou répondit en citant un poème de Paul Éluard qui commençait ainsi : « Comprenne qui voudra. » Un président de la République, visiblement bouleversé par une histoire d'amour, citait du Paul Éluard ! Pardonnez cette nouvelle digression intempestive, mais je ne peux pas ne pas vous poser la question : imaginez-vous Sarkozy citer du Paul Éluard ? Non. Mais il y a pire, Hollande, lui, pourrait citer Éluard, mais ce serait un poème choisi par Claude Sérillon. Mais le jour où Pompidou cita Éluard, mon émotion était telle que, tendant le bras vers le pot de moutarde familial, tout en continuant de regarder la télé, je le fis chuter. Je me souviens encore de la vision sur le linoléum de la salle à manger de ce mélange de moutarde d'où émergeaient des éclats de verre et cette étiquette Amora qui semblait flotter sur ce désastre. L'autre jour, à la télé, les images de l'usine de Dijon ressemblaient au pot de moutarde tombé au sol. Un désastre sur lequel des irréductibles faisaient flotter une banderole Amora. Chaque disparition d'une marque liée à des souvenirs d'enfance laisse une cicatrice qui pique un peu à chaque fois que j'y pense. Mon cortex est perclus de points douloureux : *Pif Gadget*, Lejaby, Pier Import ou Mokarex. Le café Mokarex... Le café Mokarex et ses figurines en plastique doré ou argenté qui représentaient des personnages de l'histoire de France. Régulièrement, ils changeaient d'époque, passant du Moyen Âge à la Grande Guerre. Les figurines Mokarex étaient les soldats de plomb des pauvres. Je constituais des armées anachroniques, mélangeant Clovis et Lyautey, un chasseur alpin et Turenne, un lansquenet (je n'ai jamais su ce que c'était réellement mais, dans mes jeux, c'était un fantassin piétiné par un cavalier). Car il y avait les cavaliers ! Avec leurs chevaux ! Putain, le bonheur lorsqu'on tombait sur l'une de ces figurines de prestige qui, à la bourse aux billes de l'école, s'échangeaient contre dix calots de verre, alors qu'un fantassin valait dix billes. Les autres figurines de valeur étaient celles qui, outre le personnage, comportaient un accessoire. Par exemple, Camille Desmoulins debout, un bras levé pour montrer l'exaltation de son discours tandis qu'il appuyait son autre bras sur le dossier d'une chaise, le *must* dans ce domaine, le plus sophistiqué étant Fouquier-Tinville, debout derrière son bureau, sur lequel on apercevait des dossiers, un encrier dans lequel était fichée une plume d'oie et qui tendait un index accusateur vers un accusé imaginaire. Une autre star était le soldat de la guerre de 1914 allongé derrière une mitrailleuse Hotchkiss. Les moins cotées étaient les femmes, évidemment, surtout celles qui n'avaient rien de militaire. Je me souviens du désastre lorsque Mokarex sortit une série de figurines « Provinces de France », autant vous dire qu'à l'école vous faisiez l'objet de ricaneries et de quolibets lorsque vous demandiez à la cantonade : « Qui veut m'échanger une Alsacienne ? » Lors d'une émission de radio, j'ai rencontré Daniel Picouly, ex-fan des figurines Mokarex. Nous avons parlé de notre déception le jour où Mokarex sortit son jeu d'échecs, une série de prestige, les pièces dorées contre les argentées, un jeu au nom prédestiné car ce fut un échec. Les gamins qui collectionnaient les figurines ne savaient pas jouer aux échecs. Quant aux joueurs d'échecs, ils n'allaient pas se mettre à acheter du café pour y trouver des pièces. Alors, comme pour les provinces ou les personnages historiques, nous utilisâmes les pièces des jeux d'échecs pour nos combats surréalistes où une Bourguignonne en costume folklorique partait en patrouille avec Lyautey, une tour, un Carolingien et Guynemer et se retrouvait face à un poste ennemi avancé où, derrière le bureau de Fouquier-Tinville, se cachaient Mme Bonacieux, Poincaré, une cantinière des armées napoléoniennes et Vercingétorix.

Quelques jours après l'émission de Picouly, je recevais un paquet à mon nom écrit d'une écriture ancienne, avec des pleins et des déliés. Il y avait la totalité des pièces du jeu d'échecs dans un colis comprenant deux petits cartons solides contenant les figurines, la règle du jeu et un échiquier en plastique. L'auditeur m'expliquait qu'il gardait ce jeu depuis son enfance, qu'il pensait y tenir beaucoup mais qu'une pulsion affective l'avait poussé à me l'envoyer. Voilà. Il avait écrit « Voilà » à la fin de sa lettre avec des pleins et des déliés.

La première publicité radiophonique dont je me souviens est celle des chaussures André. Son auteur est un génie. Car elle dégageait une impression rassurante. Sur une sorte de valse, un type à la voix suave chantait :

*Papa, maman, belle-maman, bébé*
*Ont toujours de belles chaussures.*
*Papa, maman, belle-maman, bébé*
*Se chaussent toujours chez André.*

Ça n'a l'air de rien, mais la normalité de cette famille me faisait rêver. Comme « La famille Duraton », comme Robert Lamoureux avec « Papa, maman, la bonne et moi ».

Même sans bonne, putain, que la chaleur d'une « vraie » famille m'a manqué !

Quand on était enfant dans les sixties, le mot « divorce » sentait le soufre, le constat d'adultère au petit matin, les cris et les larmes, et le deuxième nom écrit au stylo à bille sur la boîte aux lettres. « Le nom de la pute de ton père », disaient les mères.

Les enfants de divorcés portaient la croix de l'échec du mariage de leurs parents. À l'époque, les couples qui ne s'entendaient plus restaient ensemble « pour les gosses ». Alors vous imaginez ce que pouvait ressentir un enfant pour lequel les parents n'avaient pas jugé utile de rester ensemble. Un demi-siècle après, je me souviens du nom de mes copains d'école primaire dont les parents avaient divorcé. J'en faisais partie.

J'enviais mes copains qui n'avaient qu'un nom sur leur boîte aux lettres. Chez moi, il y avait trois noms sur la boîte aux lettres. Le nom de jeune fille de ma mère, qu'elle avait repris après son divorce, celui de mon beau-père et le mien : Collado, Régnier, Carlier. Bravo la normalité ! Un jour, un copain est venu à la maison et, en lisant l'étiquette de la boîte aux lettres, a dit : « Bonjour la famille tuyau de poêle ! » À partir de ce jour, j'arrachais l'étiquette à chaque fois qu'un copain devait venir à la maison. Et quand je passais devant un magasin de chaussures André, je pensais à toutes ces familles normales qui allaient y acheter leurs chaussures.

# 18
# Le sirop de la rue

« Tu peux dire que tu l'aimes, le sirop de la rue ! » J'étais heureux quand ma mère prononçait cette phrase, je la trouvais poétique, elle sonnait bien, mais surtout la métaphore était d'une justesse absolue. Elle correspondait exactement à ce que j'éprouvais. Du sirop d'Argenteuil coulait dans mes veines, comme une addiction, la rue m'attirait, je m'y sentais bien, je m'y sentais libre, le seul espace de liberté entre les deux prisons qui se partageaient ma vie : la maison et l'école.

J'étais le roi des terrains vagues. À Argenteuil, en ce temps-là, le sirop de la rue coulait dans les terrains vagues. Le terrain vague était la base de tous nos jeux. D'abord le foot, bien sûr. Dans celui qui se trouvait près de chez moi, on avait créé un terrain. Dans la cave du pavillon de mes parents, j'avais trouvé un sac de chaux avec laquelle j'avais tracé les lignes du terrain, la touche, la surface de réparation, le point de péno, rien ne manquait. Il y avait juste un petit problème. Ce terrain vague était en pente sur sa longueur, une pente tellement marquée que l'équipe qui jouait partie basse démarrait avec trois buts d'avance. Nous avions fini par jouer sur la largeur, la pente était toujours là, mais latérale, ce qui désavantageait également les deux équipes. Le problème, outre qu'on avait tracé de nouvelles surfaces de réparation, de nouvelles touches, de nouveaux six-mètres, de nouveaux points de penalty et qu'on était perdus dans cet entrelacs de lignes de chaux, c'est que les dimensions du terrain étaient tellement réduites qu'on avait accolé les buts aux limites du terrain vague. Et que, régulièrement, nos ballons retombaient derrière le mur de la carrosserie du père Lacombe, ou derrière le grillage du jardin du père Gréon, un chef comptable retraité de la CTU, la compagnie de bus qui desservait Argenteuil. Dire qu'il était con est un euphémisme, c'était une synthèse, comme disait Audiard. Il avait fait construire son pavillon dans les années 1930 et il en était tellement fier qu'il avait incrusté sur le haut de sa façade, dans l'angle formé par les pentes du toit, une magnifique étoile en céramique jaune, ce qui, vous l'imaginez, lui valut des jours difficiles pendant la guerre. Alors, pour bien montrer qu'il n'était absolument pas sympathisant du complot judéo-maçonnique, il prénomma ses deux fils nés en 1940 et en 1942 Philippe et Adolphe. Du coup, il vécut des jours difficiles à la Libération mais, comme sa femme le cocufiait, il jura qu'il n'était pour rien dans le choix de ces prénoms, que c'est elle qui avait décidé et que ça ne l'étonnait pas, vu qu'elle couchait avec un type de la Milice. Il paraît qu'il était au premier rang de la foule qui s'était amassée pour la voir se faire tondre et qu'il hurlait : « Bien fait pour ta gueule, salope ! » Elle quitta Argenteuil et le père Gréon resta seul dans son pavillon à l'étoile en céramique jaune, passant ses journées à s'occuper de son jardin. Autant vous dire que, lorsque notre ballon tombait sur ses tomates, il nous vomissait à la face trente ans d'humiliation et de solitude.

Argenteuil ressemble à une portée musicale. Une ville traversée par cinq lignes horizontales. La ligne du bas (celle du *mi* en clé de *sol*, oui, je sais, ça n'a rien à voir, mais j'ai envie de me la péter), c'est la Seine. Juste au-dessus, le *fa* est constitué par les bords de Seine chers aux impressionnistes. La ligne du dessus est le boulevard Héloïse, longuement évoqué dans le chapitre consacré aux fêtes foraines, puis arrive le *la*. C'est la ligne la plus importante, car Argenteuil chante en *la*. Mais ce n'est pas un accord parfait car, si vous écoutez bien, vous entendrez comme une plainte, une douleur qui traîne dans les bruits de la ville, Argenteuil résonne d'une dissonance mélancolique. Elle chante en *la*, mais en *la* septième, l'accord du blues.

La musique d'Argenteuil dans les années 1960, c'était celle des usines, des pavillons aux murs en parpaings de mâchefer, du quartier chic Maurice-Rechsteiner avec ses beaux pavillons, des coteaux où les vignerons devenus riches firent construire des villas à la place des vignes et du vieil Argenteuil. Il y avait la grand-rue avec ses commerces opulents, des boulangeries où l'on achetait les gâteaux en habits du dimanche à la sortie de la messe et les charcuteries-comestibles-traiteurs avec leurs alignements de faisans pendus au plafond et les spécialités du jour inscrites sur la vitrine d'une écriture appliquée à la peinture blanche. Il y avait aussi la rue des Ouches, qui fut, à l'âge d'or des marchands d'asperges, l'artère la plus bourgeoise d'Argenteuil, et dont les maisons à l'architecture hybride tenaient à la fois de la ferme et de l'hôtel particulier. Chacune d'entre elles possédait une cour intérieure pavée dans laquelle les maraîchers faisaient stationner leurs charrettes de primeurs remplacées au fil du temps par des camionnettes.

Mais, au fur et à mesure qu'Argenteuil devenait une ville ouvrière, les usines remplacèrent les champs d'asperges et les entreprises construisirent les premières cités pour loger leurs collaborateurs. L'une des premières de France est celle d'Orgemont, bâtie dans les années 1930 et pompeusement baptisée cité-jardin. L'avionneur Lorraine-Dietrich fit bâtir autour de ses usines la cité « Lorraine », constituée de dizaines de petits pavillons en meulière avec, derrière chaque maison, un terrain de la même largeur que celle-ci permettant au personnel de cultiver des légumes et d'y installer un poulailler, des clapiers et une balançoire. Ces logements étaient réservés au personnel qualifié, agents de maîtrise, ouvriers spécialisés que le patronat voulait fidéliser avec cette profession de foi inscrite dans une plaque à l'entrée de la cité d'Orgemont : « Cette cité a pour but d'élever l'état physique et moral du personnel en lui procurant un foyer qui attache l'individu à la famille et la famille à l'entreprise. » Une certaine idée du bonheur auquel n'avaient pas droit les prolos, ouvriers non spécialisés ou petits employés de bureau, qui logeaient dans les pavillons en mâchefer ou qui remplacèrent les riches marchands d'asperges qui avaient quitté la rue des Ouches pour se faire construire des maisons modernes, comme celle du film *Mon oncle*, de Tati, sur les coteaux d'Argenteuil.

Dans les sixties, la rue des Ouches avait beaucoup perdu de son lustre, les grandes maisons de ville étaient louées par appartements à des ouvriers espagnols et italiens. Dans les cours intérieures, c'était Napoli ou Malaga. Les femmes se penchaient aux fenêtres, pour accrocher le linge, appeler les enfants ou pour héler une voisine, elle aussi penchée à sa fenêtre, aux volets desquelles elles accrochaient une cage où des canaris chantaient de bonheur pour un os de seiche. Dedans, ça sentait le propre, les bondieuseries et les gâteaux andalous à la farine que confectionnaient les Espagnoles lorsqu'elles recevaient d'autres Espagnoles dans un salon aux murs décorés d'un éventail sur lequel était inscrit *« Recuerdo de Sevilla »* à côté d'une grande photo de la procession du 15 Août avec les pénitents cagoulés qui portaient la Sainte Vierge, une pendule-poster du Real Madrid et, sur le buffet, des photos en noir et blanc d'aïeuls lors d'une fête à Salamanque dans les années 1930 avec des hommes moustachus vêtus de noir qui ressemblaient à Federico Garcia Lorca. Sur la télé, un napperon de dentelle sur lequel jaunissait dans un cadre la photo du fils de la maison en aube de communiant. Une autre idée du bonheur.

Et puis, il y avait les autres. Manœuvres, hommes à tout faire, éboueurs qu'on faisait venir du Maghreb ou des anciennes colonies pour faire le boulot dont ne voulaient pas les Français et qui n'avaient même pas les moyens d'habiter rue des Ouches. Ils vivaient dans des bidonvilles aux ruelles bordées de cabanes constituées de planches, de plâtre et de carton et marchaient en baissant la tête. Je vous raconte leur histoire dans le chapitre « Bougnouls, crouillats, melons et bicots ». C'était ça, la dissonance dans la musique d'Argenteuil. C'était ça, le blues d'Argenteuil.

La ligne supérieure de la portée musicale d'Argenteuil est constituée par les voies ferrées, la gare de triage et les lignes. Au-dessus de la portée musicale, au-delà des lignes, commençait la campagne qui ne s'arrêtait qu'à la mer. À Dieppe, où nous emmenaient les « trains de plaisir ».

En 1967, à la place des vergers, on construisit la ZUP, et la fameuse dalle, l'endroit où Sarkozy a dit à une dame à sa fenêtre : « Vous voulez qu'on vous débarrasse de cette racaille ? Eh bien, je vais vous en débarrasser. »

Les sixties à Argenteuil sont mortes le jour où l'on a commencé à construire la ZUP.

Comme aurait pu l'écrire Luc Plamondon :

*Il est venu, le temps des cités,*
*Le monde est entré*
*Dans un nouveau millénaire.*

# 19
# Le temps béni des colonies

Les colonies de vacances connurent l'apogée de leur popularité pendant les sixties. Les vacances scolaires duraient plus de deux mois, et les parents, avec leurs quatre semaines de congés payés, se demandaient ce qu'ils allaient faire de nous. Il y avait la solution familiale, les grands-parents ou les oncles provinciaux, on allait faire le Parisien à la campagne, on mangeait la soupe avec des morceaux de pain dedans, il y avait la cabane au fond du jardin, et la sieste obligatoire dans la chambre au crucifix sous lequel était glissé un rameau de buis, dans la demi-obscurité des volets clos en été qui laissent passer un rai de lumière qui traversait la poussière, ce qui me permettait de voir nettement la bite de mon cousin avec lequel nous nous branlions mutuellement sous le regard sépia d'un grand-oncle mort à Verdun, un authentique héros puisque, sous l'encadrement ovale de sa photo, un autre cadre était fixé au mur, plus petit et rectangulaire celui-là, dans lequel on pouvait voir la Légion d'honneur qu'il avait reçue de M. Le Troquer, ministre des Armées lors de la promotion du 14 Juillet. Bon, dans la famille, on évitait de rappeler que c'est Le Troquer qui lui avait remis sa breloque, à l'oncle Léon, car le ministre des Armées était une sorte de DSK en pire, puisqu'il organisait des bacchanales avec des adolescentes âgées de 14 à 20 ans.

Nous n'avions pas de famille en province. Mes parents n'avaient pas envie de « m'avoir dans leurs pattes ». Je suis allé en colo de 6 à 14 ans, en juillet, en août, à Pâques et à Noël.

La première année, j'ai beaucoup pleuré. Je me souviens de ma peur dès le départ du car. J'étais le plus petit. Tout me faisait peur. Même les odeurs. Ce n'était pas les odeurs de famille, mais celles de la collectivité, l'odeur des dortoirs, du réfectoire, des cuisines, des douches, du linge, toutes me faisaient peur.

J'aurais aimé l'odeur d'une maman, d'un papa, et j'ai vécu ma jeunesse dans les odeurs communes.

Et puis, je me suis habitué. J'ai fini par aimer les colos, le train du départ, la déconne dans les compartiments, et puis le car où, pour bien marquer qu'on était un habitué, on s'asseyait tout au fond et on faisait les cons, on chantait et on chambrait les nouveaux et les moniteurs.

Avec la ville d'Argenteuil, je partais en Vendée, à Saint-Hilaire-de-Riez, dans un impressionnant bâtiment de style stalinien baptisé le palais des Gosses et dont une plaque commémorative rappelait qu'il avait été inauguré par Maurice Thorez. Dans le gigantesque hall à l'écho de piscine couverte où nous attendions, en rang, le moment d'entrer au réfectoire, une autre plaque était fixée au mur, à la gloire de Gabriel Péri, sur laquelle était gravé un extrait du texte d'adieu que le martyr de la Résistance écrivit la veille de son exécution par les nazis : « Je m'en vais tout à l'heure préparer les lendemains qui chantent. Je vais mourir pour que vive la France. »

Pour nous calmer au retour de la plage, avant d'entrer au réfectoire, les moniteurs nous faisaient chanter « Le chant des partisans ». Quand tu as 12 ans, que tu entonnes « Ami, entends-tu le vol noir des corbeaux sur nos plaines » en regardant le visage d'un homme sur une plaque de bronze sous lequel est écrit « Je vais mourir pour que vive la France », tu te sens prêt à affronter les Boches.

Dans ce hall, en attendant d'entrer au réfectoire, je regardais les groupes des filles des rangs d'à côté. Car, en ce temps-là, rien n'était mixte, ni l'école primaire, ni le collège, ni les colos. Il y avait les groupes de garçons vêtus de chemises en coton madras bleu et shorts bleus, et les groupes de filles vêtues à l'identique, sauf que leurs shorts étaient bouffants avec des élastiques qui leur marquaient les cuisses. Tout le monde était chaussé des mêmes sandalettes hideuses en plastique blanc qu'on gardait aux pieds pour la baignade.

Un de ces jours où je regardais les filles en chantant très fort « Le chant des partisans », je la vis. Une frimousse à la peau mate, timide. Elle écoutait une copine bavarde et elle sentit mon regard, détourna la tête trop vite puis me regarda à nouveau. À chaque regard volé, à chaque sourire ébauché, c'était tout à la fois comme si du miel coulait dans mes veines et comme si un chien enragé me dévorait le cœur. J'appris qu'elle se prénommait Dominique. Par un intermédiaire laid, je lui fis savoir que je l'aimais. À présent qu'elle savait, à chaque fois que nous croisions le groupe des filles, je faisais mon intéressant. Je faisais partie de l'équipe de foot de la colo et, cette année-là, nous sommes allés en finale du tournoi intercolonies. Le jour du match, c'était la fête dans le petit stade champêtre de Saint-Hilaire-de-Riez. Une buvette servait du Pschitt (« Pour toi, cher ange, Pschitt orange, pour moi, garçon, Pschitt citron ! » disait la pub) qu'on gardait au frais dans des lessiveuses remplies de pains de glace. Les filles de la colo étaient dans la tribune et nous encourageaient bruyamment. Je faisais des têtes plongeantes pour impressionner Dominique. Nous avons gagné 1-0 et c'est moi qui ai marqué, mais comme c'était un but assez confus, à la suite d'un cafouillage, pour bien lui montrer que c'était moi le buteur, je me suis mis à courir vers les tribunes en écartant les bras et je me suis laissé tomber près de la ligne de touche, attendant que mes coéquipiers se jettent sur moi pour m'étreindre comme je l'avais vu faire par Nestor Combin à la télévision. Seulement, j'ai attendu en vain, personne n'est venu et, quand j'ai rouvert les yeux, il y avait juste devant moi un petit de la colo qui portait des lunettes correctrices dont l'un des verres était opaque et, en me regardant de son œil unique, me demanda : « T'es blessé ? »

Mais je ne tardai pas à connaître mon heure de gloire devant Dominique. À cette époque, mes parents m'avaient inscrit au judo et je recevais la revue officielle de la fédération que mes parents me faisaient suivre à la colo. Pour faire mon intéressant devant Dominique, j'étais assis sur la plage, plongé dans cette revue, quand une ombre vint me cacher le soleil. Trouboul ! Trouboul, mon ennemi du collège, que je retrouvais en colo et qui ne la ramenait pas trop, car il ne savait pas jouer au foot. Mais là, me voyant avec ma revue de judo sur la plage, il me défiait, les mains sur les hanches : « Tu fais du judo, je te parie que je suis plus fort que toi. » Dominique était à 10 mètres.

La plage de Saint-Hilaire était devenue une place de village de l'Arizona dans un western. Dominique était Molly et Trouboul redoublait d'invectives : « Même pas cap de te battre ! » Non seulement notre prof de judo avait insisté sur l'éthique de ce sport, et il était formellement interdit de le pratiquer en dehors des tatamis, mais surtout, je ne voyais pas très bien comment les prises qu'on m'avait apprises avec le rituel du salut, etc., allaient pouvoir m'aider dans le duel qui s'annonçait. C'est lorsqu'il me traita de lâche que je me levai d'un bond et me jetai sur lui. Ça n'avait rien d'académique, mais des années de conflit explosaient à cet instant. Trouboul était plus grand et plus fort que moi, mais la rage décuplait mes forces, je le fis tomber sur le sable, dans lequel j'enfonçai sa bouche. Il serait mort étouffé si un moniteur n'était parvenu à grand-peine à desserrer mon étreinte.

J'étais définitivement devenu le héros de Dominique.

Le jour des cadeaux constituait un rituel des colonies de vacances. Un car venait nous chercher pour nous emmener dans les magasins de souvenirs des Sables-d'Olonne, qui donnaient une commission au chauffeur. Nous achetions des merdes à base de coquillages collés, des petits bateaux en bois vernis, des phares thermomètres et des fermettes vendéennes baromètres. Lorsque le temps était au beau, la fermière apparaissait à une porte, si la pluie était annoncée, un paysan portant un parapluie sortait de l'autre côté.

Ce jour-là, dans le car qui nous emmenait aux Sables-d'Olonne, je m'étais assis à côté de Dominique. Elle portait un appareil photo Kodak en bandoulière et la lanière de cuir qui passait entre ses deux seins naissants les faisait ressortir sous la chemise madras, ce qui me rendait fou. À un moment, elle a croisé mon regard hypnotisé par sa poitrine embryonnaire, alors, pour sauver la face, j'ai fait semblant de m'intéresser à la technique photographique, je lui ai dit : « Euh, je regarde ton appareil photo, là, et je me demandais, t'utilises quoi comme pellicule ? »

Au même moment, sur la banquette juste derrière nous, j'ai entendu un copain demander à la fille assise à côté de lui : « Est-ce que tu aimes Miles Davis ? » Je savais que mon pote ignorait totalement qui était Miles Davis, mais putain, ça sonnait bien comme nom, et moi, je me sentais un peu con avec mon histoire de pellicule. Je le dis à Dominique, qui sourit, me regarda longuement puis posa très vite ses lèvres sur les miennes.

J'étais devenu l'amoureux officiel de Dominique. Pour elle, j'avais plongé dans l'océan pour aller lui chercher une étoile de mer que j'avais mise dans une enveloppe avec une feuille de cahier d'écolier sur laquelle j'avais recopié une citation de Victor Hugo qui disait : « L'amour entre par les yeux, des yeux il va au cœur, au cœur il prend racine. » Je comptais lui donner l'enveloppe à la veillée mais, ce soir-là, alors que nous étions tous en cercle autour d'un grand feu sur la plage, et que la lueur des flammes éclairait par instants le beau visage de Dominique, profitant de cet instant magique, je me suis dit : « C'est maintenant. » J'ai mis la main à ma poche pour saisir l'enveloppe avec le poème et l'étoile de mer... Mais à ce moment-là, un type qui ressemblait à un Marc Lavoine de 15 ans, celui de la boum, a pris une guitare et s'est mis à chanter « Stewball » d'un air triste, et Dominique – la salope – ne m'a plus regardé de la soirée, me laissant seul avec mon poème à la con et mon étoile de mer. Le lendemain matin, quand j'ai récupéré cette dernière dans l'enveloppe au fond de la poche de mon short bleu marine, les branches de l'étoile étaient cassées, ça a un peu atténué mes regrets.

# 20
# Les Rolling Stones font rien qu'à copier

« Êtes-vous Beatles ou Rolling Stones ? » est une phrase d'une connerie intégrale. L'antagonisme entre les deux groupes était une idée de producteurs qui firent en sorte que le public identifie les Beatles comme des garçons gentils, soignés et consensuels, aux mélodies harmonieuses. Pour séduire les parents, ils galvaudèrent leur génie en composant des chansons populacières comme « Ob-la-di, ob-la-da », « Hello Goodbye » ou « Yellow Submarine », reprise en français par Maurice Chevalier et les Compagnons de la chanson, le sous-marin jaune devenant vert au passage afin d'avoir la rime « vert comme la mer ». Le producteur des Rolling Stones, Andrew Loog Oldham, s'appliqua à leur donner une image totalement inverse, inquiétante et douteuse. Il lança des phrases comme : « Laisseriez-vous votre fille sortir avec un Rolling Stones ? » ou bien « Les Stones, le groupe que les parents aiment haïr », dont les journaux firent leurs gros titres : Moi, j'étais Beatles ET Stones.

*Their Satanic Majesties Request* se voulait la réponse des Stones à l'album *Sgt. Pepper's Lonely Hearts Club Band* des Beatles. Un album psychédélique réalisé sous l'emprise de substances illégales et qui tranchait avec la production habituelle du groupe à dominante blues rock.

On se souvient de la pochette plastifiée avec au milieu cette photo en relief des Rolling Stones qui semblaient bouger selon l'angle sous lequel on la regardait. Mais cet album, finalement pas si mauvais, dérouta pourtant les fans des Stones, et surtout souffrit de la comparaison avec le monstrueux *Sgt. Pepper's*. Mais il était de bon ton à l'époque de l'écouter lumières éteintes en fumant du kif frelaté que des copains de fac avaient ramené de Ketama, au Maroc, en 2 CV.

De la même façon que les Beatles avaient sorti « All you need is love » après *Sgt. Pepper's*, les Rolling Stones sortirent également un single surnuméraire, « We love you », faisant la transition entre le psychédélisme et l'amour universel des *flower people*.

L'échec de ces chansons élaborées affecte Brian Jones. Il quitte les Rolling Stones. Pour être clair, Mick Jagger l'avait viré. Le 8 juin 1969, il est officiellement un ex-Rolling Stones. Moins d'un mois après, le 3 juillet, on le retrouvera noyé dans sa piscine.

Le jour de 2004 où je déjeunai avec Marianne Faithfull, elle me parla de cet épisode. Elle m'expliqua que, depuis son adolescence, elle pratiquait le Yi King, une science divinatoire consistant à lancer des pièces de monnaie puis à interpréter les figures géométriques dessinées par la position des pièces sur la table. Un truc de baba cool, pensai-je lorsqu'elle m'expliqua qu'elle avait vu dans le Yi King la mort de Brian Jones, le livre des transformations, qui permet d'interpréter la position des pièces, lui ayant révélé que Brian plongerait dans des abysses pour y trouver la délivrance de ses tourments.

Elle se trouvait avec Mick Jagger ce jour-là qui ricana de ses prédictions, mais qui ricana moins quelques jours plus tard lorsqu'on retrouva le guitariste des Stones noyé dans sa piscine.

Entre-temps, fin 1968 sortait *Beggars Banquet*. Le groupe était sous pression après l'échec relatif de *Their Satanic Majesties Request*. De plus, la pochette de l'album (W-C et graffitis) fut censurée par la maison de disques des Stones à l'époque.

Pourtant, à la première écoute, on comprend que les Stones sont revenus à ce qu'ils savent faire le mieux, le rock'n'roll. C'est un album dur qui commence avec l'immense « Sympathy for the devil ».

Les Rolling Stones avaient compris, ils ne copieraient plus jamais et suivirent leur route violente et satanique. C'était leur destin et il leur donnait rendez-vous l'année suivante à Altamont. Mais ça, c'est une autre histoire...

# 21
# Lost in translations

Rien de ce qui constitua la culture de la génération du baby-boom ne prit naissance en France.

Car, même sous de Gaulle, les mentalités dans l'Hexagone étaient encore tellement conservatrices que la moindre émancipation de masse de la jeunesse était inconcevable.

Je précise « émancipation de masse » car, pendant les années 1950, une minorité des ados d'après guerre se défoula dans les caves de Saint-Germain-des-Prés.

Rappelons que, jusqu'à ce que de Gaulle décide de sortir la France de l'OTAN en 1965, de nombreuses bases américaines étaient établies dans l'Hexagone et le pouvoir d'achat des *boys* contribuait à l'essor économique de la nation. On fit venir des États-Unis les éléments corporels de leur culture, leurs disques, leurs films, leur littérature, les

BD, leurs voitures, leurs boissons et même leurs orchestres qui jouaient dans des boîtes de nuit au départ destinées aux GI. De jeunes Français se passionnèrent pour cette musique nouvelle et passèrent leurs nuits dans ces boîtes, à danser au son des Messengers d'Art Blakey et à refaire le monde à la lueur de bougies qui fondaient comme des stalactites sur des bouteilles de Vat 69. Mais ce phénomène demeura marginal, tenait plus de l'extravagance d'étudiants turbulents que d'une quête profonde de la jeunesse, et resta géographiquement limité au Quartier latin, ne dépassant guère un rayon de 1 500 mètres autour de la rue de la Huchette.

Dans d'autres caves enfumées de Saint-Germain-des-Prés, une autre minorité de ces ados d'après guerre refusait ce qui était américain au nom de leurs convictions politiques, se laissait pousser la barbe, les lunettes, la pipe, lisait *L'Écume des jours* de Boris Vian et refaisait le monde en écoutant Francesca Solleville.

La génération suivante, celle du baby-boom qui n'avait pas connu la guerre, se rua sur la nouvelle culture américaine populaire, beaucoup plus accessible que celle de leurs aînés. Le rock avait remplacé le jazz, le Coca avait définitivement relégué le whisky au rang de boisson pour films d'Eddie Constantine, et les préoccupations existentielles les plus profondes concernaient les poitrines naissantes des filles. Lorsque le show-biz français constata que cette culture nouvelle pouvait générer beaucoup de profits grâce à l'argent de poche des jeunes, il décida de l'importer en France.

Mais il n'avait rien compris au phénomène du rock anglais et de la pop music.

La première erreur des producteurs français fut de faire adapter les succès de groupes ayant 20 ans de moyenne d'âge par de vieux paroliers habitués à travailler avec Marcel Amont ou Gloria Lasso.

Et comme les vieux chanteurs voulaient avoir l'air dans le vent, on adapta à tour de bras.

Ce mélange des genres donna lieu à des chefs-d'œuvre de surréalisme, comme les Compagnons de la chanson interprétant le « Yellow submarine » des Beatles devenu vert dans son adaptation.

Il y eut aussi cette rencontre incroyable entre Marie Laforêt et l'une des chansons les plus hallucinées des Stones, « Paint it black », et Sheila adaptant Manfred Mann en chantant « Vous les copains, je ne vous oublierai jamais ». Certes, la chanson originale n'avait pas de prétention intellectuelle, c'était l'histoire d'un type qui tombait raide dingue d'une fille qu'il avait vue marcher dans la rue, mais Sheila asexua les paroles, en faisant un hymne à l'amitié triomphante, mais elle asexua aussi les arrangements faisant d'une chanson typiquement pop une variétoche franchouillarde.

Coluche disait : « Il paraît que Sylvie Vartan a encore fait des progrès. Bon, ben, moi, je vais attendre qu'elle ait terminé avant d'écouter ses chansons. » Avant de faire des progrès, Sylvie Vartan faisait des adaptations. Et non des moindres : « Pretty woman », magnifique chanson de Roy Orbison, fut l'une des grandes adaptations de notre Sylvie nationale sous le titre « L'homme en noir », et si vous écoutez attentivement les paroles, vous pourrez constater que d'une chanson légère racontant l'histoire d'une jolie fille qui se balade dans la rue, Sylvie a fait une scène de western, un duel qui s'achève tragiquement puisque sur les quatre dernières notes de la chanson, Sylvie conclut : « Il l'a tu-é. »

Un autre chef-d'œuvre d'adaptation concerne le classique de Ray Charles, « What'd I say ».

Cette chanson est devenue « Est-ce que tu le sais ? » dans la bouche de Sylvie... Ce qui est remarquable, ce sont les « han han » qui ponctuent la chanson et surtout la fin, parce qu'il faut oser traduire une chanson de Ray Charles en chantant :

*Que faut-il faire dans la vie*
*Pour dénicher un joli mari,*
*Est-ce que tu le sais ?*
*Est-ce que tu le sais ?*

Écrire une adaptation pareille d'une chanson de Ray Charles devrait être passible de correctionnelle.

Le pauvre Ray Charles n'a décidément pas eu de chance, car il y eut une autre adaptation de « What'd I say », interprétée par Les Chats sauvages, et si le titre est le même que celui de Sylvie Vartan, le texte est nettement différent, et dire qu'on y sent plus l'influence de Kierkegaard serait excessif... J'aimerais vous faire percevoir la substantifique moelle de ce texte, c'est beau comme du Péguy, puisque la chanson commence par ces mots :

*Vise un peu ça, si c'est mignon !*
*Sais-tu où se trouve sa maison ?*
*Est-ce que tu le sais ?*
*Est-ce que tu le sais, dis-moi ?*

Un peu plus loin, il est dit :

*Pourrais-tu m'expliquer ?*
*Pourquoi j'ai reçu sa main sur le nez ?*

Et Johnny, me direz-vous. Dans les années 1960, l'essentiel du répertoire de Johnny Hallyday était constitué d'adaptations. Il y eut le meilleur, Johnny réussissant parfois à recréer une version plus forte que l'original, comme « Excuse-moi, partenaire ».

Johnny connut également le ridicule d'adaptations, le comble étant atteint lorsqu'on décida de le faire surfer sur la vague hippie, et je vous propose de vous détendre un instant avec l'adaptation hallydienne d'un tube de Scott McKenzie :

*Si vous allez à San Francisco,*
*Vous verrez des gens doux et gentils,*
*Le long des rues de San Francisco,*
*Parler de fleurs devenir vos amis*

*Dans ce monde en fusion,*
*Il y a trop d'explosions*
*Pour la destruction*

*Tout comme eux, vous direz non*
*à la haine aux passions,*
*On est tous frères*
*Sur cette Terre.*

Mais le pire fut cette chose, écrite par Philippe Labro, quand même, qui s'intitulait « Jésus-Christ est un hippie ». Si vous croisez Labro, rappelez-lui qu'il a écrit ça. Il en est très fier, vous verrez, ça lui fera plaisir.

*Poncho mexicain sur le dos*
*Il est barbu et chevelu*
*Il s'est battu à Chicago*
*Il aime les filles aux seins nus*
*Jésus, Jésus-Christ*
*Jésus-Christ est un hippie.*

# 22
## Mai 68

« La France s'ennuie. » Cette phrase ouvre l'éditorial du journal *Le Monde* daté du 15 mars 1968. Nous sommes en pleines Trente Glorieuses et les Français qui, depuis le début des années 1950, ont acquis une voiture, une télé, un frigo et une machine à laver se demandent si cette course à la consommation peut constituer le sens de la vie. Ils découvrent le stress, les banlieues, le train du matin pour Saint-Lazare. Un film symbolise parfaitement les préoccupations de l'époque, *Elle court, elle court, la banlieue*.

Je ne sais pas pourquoi ma mère a gardé toute sa vie les *Télé 7 Jours* qu'elle achetait chaque semaine avec, devant chaque émission, un petit bonhomme assis devant une télé et quelques lignes intitulées : « Si vous avez raté le début ». À sa mort, j'ai retrouvé à la cave quarante ans de *Télé 7 Jours*. Sur celui de la dernière semaine d'avril 1968, on peut lire : « 12 h 30, "Midi première". Danièle Gilbert reçoit Dani qui interprétera "Papa vient d'épouser la bonne", Joe Dassin chantera son tube du moment, "Elle m'a dit d'aller siffler sur la colline", et Maurice Chevalier viendra fêter ses 82 ans et annoncer ses vingt-cinquièmes adieux au music-hall. »

D'aucuns s'interrogent encore sur les raisons de Mai 68. Eh bien, je viens de vous les donner. Quel adolescent normalement constitué aurait pu supporter un tel programme sans avoir envie de tout casser ?

Par la suite, Dani eut de sérieux problèmes de drogue. Il faut dire que, quand tu as chanté « Papa vient d'épouser la bonne », ça doit pas être facile de remonter la pente.

Tout le monde sait qu'au départ Mai 68 est né en réalité en mars de la même année d'une interdiction faite aux étudiants de Nanterre d'accéder aux chambres des filles.

La contestation enfle à Nanterre, puis tout explose à partir du 3 mai, où une manifestation étudiante contre la réforme de l'enseignement supérieur entraîne la fermeture de la Sorbonne.

Le 5 mai, Mireille Mathieu et Sheila sont consacrées par *France Soir* comme les chanteuses préférées des Français. C'est ça, le paradoxe de Mai 68. En tout cas, le lendemain, les étudiants descendent dans la rue en scandant : « Soyez réalistes, demandez l'impossible ! » La société de consommation est contestée, le cycle infernal métro-boulot-dodo est enfin menacé.

La télé est, comme tout le monde, en grève : le programme minimum de l'ORTF ainsi que celui des radios périphériques proposent une chanson publiée le 8 mai, d'un inconnu fiévreux nommé Julien Clerc, « La cavalerie », ainsi que la chanson d'un trio grec coincé par la grève des aiguilleurs du ciel, Aphrodite's Child, qui s'intitule « Rain and tears », inspiré du canon du musicien baroque allemand Pachelbel et dernier disque pressé avant la fermeture des usines de disques. Ce sera le succès de l'été.

Les universités de Nanterre et de Caen sont peu à peu occupées par leurs étudiants et, dans la nuit du 10, apparaissent rue Gay-Lussac, dans le Quartier latin, les premières barricades. Les étudiants entraînent les lycéens puis tout le pays dans un mouvement de type révolutionnaire, des centaines de voitures sont incendiées, les vitrines volent en éclats. L'activité cesse et le dernier spectacle de l'Olympia, le 7 mai 1968, est le show de la grande Aretha Franklin.

Le 13 mai, la grève est générale et la Sorbonne occupée. Nouvelle nuit d'émeutes le 24 au Quartier latin. Le principal leader étudiant, Daniel Cohn-Bendit, popularise le slogan : « Nous sommes tous des Juifs allemands. »

Le général de Gaule qualifie ces désordres de « chienlit » mais, le 29, il disparaît mystérieusement en hélicoptère, officiellement pour gagner sa résidence de Colombey-les-Deux-Églises, en réalité pour être rassuré sur la loyauté de l'armée auprès du général Massu en poste à Baden-Baden. Le pouvoir vacille, tout semble possible mais, quelques jours plus tard, c'est le retour du Général, les accords de Grenelle et la paix sociale retrouvée. Le 30 ont lieu la manifestation gaulliste sur les Champs-Élysées et la dissolution de l'Assemblée nationale, puis les élections générales caractérisées par le raz-de-marée gaulliste. La France se réveille avec une formidable gueule de bois et le sentiment que « les conneries, c'est terminé », et tout rentre dans l'ordre au point que, comme un symbole, le jour de la fin de la grève à la télévision, Danièle Gilbert reçoit à « Midi première » Sheila qui chante « Petite fille de Français moyen ».

Pourtant, la France ne sera plus jamais la même : elle a découvert ce qu'on appellera plus tard la modernité.

Mais ce phénomène ne touche pas que la France. Dans le monde entier une génération bascule dans la contestation.

Car il s'en est passé, des choses, en 1968... Au moment même où Rika Zaraï chantait le « Casatchok », « Ras va dri, c'est l'hiver qui frappe à notre porte », Martin Luther King était abattu. D'aucuns prétendent que cet assassinat n'est qu'une méprise car, à la suite d'une rumeur qui prétendait que Martin Luther King était l'auteur de la chanson « Casatchok », des mafieux esthètes décidèrent de l'éliminer. Mais, même si nul n'en a jamais connu précisément les raisons, toujours est-il que ce meurtre entraîna des émeutes aux États-Unis.

Par un étrange hasard, comme un symbole qui préfigurait l'histoire du monde à venir, le jour même de l'assassinat de Martin Luther King, les restaurants McDonald's mettaient en vente le Big Mac.

Un mois plus tard, Robert Kennedy, frère du président assassiné, l'était à son tour. Et là aussi, par une curieuse concordance des temps, le même jour, le pape Paul VI condamnait toutes les méthodes artificielles de contraception et d'avortement thérapeutique.

Mai 68, c'est l'idée d'une contre-culture, d'un nouveau modèle de société. Même à l'Est, tout a changé. En Tchécoslovaquie, l'expérience libérale du printemps de Prague, qui ouvrait une fenêtre dans le bloc communiste de l'Europe de l'Est, est réduite par l'invasion des troupes du pacte de Varsovie. Le « socialisme » à visage humain aura vécu l'espace d'un printemps. Mais ce n'est que partie remise.

Sur le plan personnel, je vécus Mai 68 comme un joyeux bordel. Nous allions visiter la Sorbonne occupée, on ne payait pas le train entre Argenteuil et Saint-Lazare aux cris de « Lycéens, travailleurs, même combat ! », et au lycée

Victor-Puiseux d'Argenteuil, nous copiions avec un jour de retard ce qui se passait dans les universités. J'étais monté sur le toit-terrasse pout y planter le drapeau rouge et nous avions tagué le mur du lycée en écrivant : « Maimaine : SS ». Maimaine, c'était la surveillante générale, prénommée Germaine, une mamie à deux ans de la retraite plutôt bienveillante mais, comme il nous fallait une raison de mettre le lycée en grève, nous avons décrété une AG au cours de laquelle fut élaborée une liste de revendications ubuesques parmi lesquelles, je m'en souviens, nous exigions du vin à la cantine pour les terminales. Mais je me lassai vite de l'action militante et nos préoccupations sexuelles reprirent rapidement le dessus sur notre engagement politique. Mes parents, bloqués dans leur maison de campagne du Morvan par la pénurie d'essence, m'avaient indiqué que je trouverais « un peu d'argent » dans la grosse boîte rouge de bouillon Kub, sur l'étagère du haut du buffet de cuisine en Formica avec le minuteur intégré. Les précautions oratoires de ma mère, « Tu ne prends que ce dont tu as besoin pour les courses, et surtout tu gardes les tickets, je vérifierai la monnaie », me laissaient penser qu'il y avait dans la boîte rouge davantage qu'« un peu d'argent ». Mais, quand j'ai ouvert la boîte métallique, en voyant cette épaisse liasse de billets de 100 francs repliée comme un gros serpent endormi, je vous jure que, dans la cuisine du pavillon d'Argenteuil, j'ai entendu les chœurs du Philharmonique de Berlin clamer l'« Alléluia » du *Messie* de Haendel.

Ce furent les dix jours les plus incroyables de mon existence.

Nous avions fixé des couvertures devant chaque fenêtre pour tamiser, nous avions volé sur les chantiers des lumignons qui signalent les travaux et qui diffusaient une lumière orangée, et nous avons organisé une boum de dix jours. Les couples s'isolaient dans les chambres du pavillon, on fumait le pétard dans la chambre de mes parents, on picolait, on vomissait, et puis, pendant des heures, on s'isolait avec une copine qui nous rendait fou en nous laissant tout faire sauf l'amour.

Puis on se retrouvait dans le salon-salle à manger où les Stones tournaient sur le Teppaz. On mangeait, on buvait surtout et on allait vomir dans la cour.

Je sortais à l'époque avec Michèle Themelin, qui ressemblait à Françoise Hardy et que j'ai revue quarante-cinq ans plus tard lorsque j'ai joué mon one-man-show à Argenteuil. Elle avait bien vieilli, et je me suis souvenu de son shetland jaune laissant apparaître son nombril, son jeans à fines côtes en velours noir tenu par un gros ceinturon dont la boucle en cuivre représentait une tête de lion. Pendant dix jours, elle a refusé de défaire ce ceinturon, ne m'accordant le droit que de l'embrasser et de caresser ses seins sous le shetland.

En la revoyant à la fin de mon spectacle, ce jour de 2013, nous avons repensé tous les deux à ces dix jours en mai, quarante-cinq ans plus tôt.

# 23
# Musiques pour emballer

D'aucuns prétendaient que cette boîte de nuit du Plessis-Robinson appartenait à Johnny Hallyday. Elle s'appelait Le Tchoo Tchoo, et d'ailleurs l'appellation boîte de nuit est usurpée puisqu'elle n'ouvrait qu'en matinée. Mais on nous avait assuré qu'on y jouait de la bonne musique. Le dimanche où j'y mis les pieds pour la première fois, j'y vis un chanteur magrébin, mais qui chantait comme James Brown, son organiste ressemblait à Michel Jonasz jeune, d'ailleurs c'était Michel Jonasz, et le chanteur qui imitait le parrain s'appelait Vigon. Leur répertoire ne ressemblait pas à ce que jouaient les groupes influencés par la pop anglaise. D'ailleurs, ce n'était pas de la pop, c'était du rhythm'n'blues. Attention, quand je dis rhythm'n'blues, c'est pas le r'n'b aérobique de Mary J. Blige, non, le rhythm'n'blues, c'est la soul music... la musique de l'âme...

Au Tchoo Tchoo, les groupes ne jouaient pas la musique des Anglais mais de la musique noire, et les danseurs, aussi, en majorité, étaient noirs, impeccablement vêtus, et nous donnaient des leçons de danse, d'un simple mouvement d'épaules. Nous, nous étions des danseurs de jerk bien binaires avec un mouvement de tête qui faisait aller nos cheveux longs d'avant en arrière pour bien marquer chaque temps, alors que là les Noirs dansaient en souplesse.

À l'époque, quand on pensait rhythm'n'blues, on pensait Stax, la maison de disques mythique qui avait sous contrat les plus grands chanteurs noirs, Eddie Floyd, Otis Redding, Rufus et Carla Thomas, John Lee Hooker, Booker T & the MG's, Arthur Conley, Sam & Dave… et la divine Aretha Franklin.

Mais raconte-nous la belle histoire de Stax, tonton Guy.

Eh bien, les enfants, dans les années 1950, un frère et une sœur décident de fonder à Memphis (État ségrégationniste) un label consacré uniquement à la musique noire à l'intention des Blancs et engagèrent des musiciens blancs afin de montrer que la cohabitation était possible.

Mais si sur scène les Blancs jouaient bien avec des Noirs, ces derniers ne mirent pas très longtemps à comprendre que les Blancs étaient mieux payés et que, lors des tournées, si les Blancs avaient des conditions d'hébergement convenables, il n'en était pas de même pour leurs collègues de couleur qui eux devaient se contenter de dormir dans le bus. Il fallut attendre le milieu des années 1960 pour que les choses rentrent dans l'ordre.

En 1967, afin de promouvoir la grande tournée en Europe de ses artistes, Stax sortit toute une série d'albums intitulés *Rhythm and Blues*, sous-titrés *Formidable*. Ils s'étaient pas foulés, mais la particularité de ces disques qui en fit le succès immédiat, c'est qu'ils comprenaient une face lente et une face rapide.

Dans les années 1967 et 1968, il n'y eut plus une seule surprise-partie sans les indispensables *Rhythm and Blues Formidable*. Bon, ça avait un inconvénient, c'est que le boutonneux préposé aux disques n'avait plus cette occupation comme excuse, et il restait là, debout, à côté de l'électrophone, en se penchant de temps à autre pour regarder si le disque ne gondolait pas... Mais bon, c'était quand même limité comme activité...

Les années 1967 et 1968 aux États-Unis sont le point culminant de la campagne pour l'égalité des droits civiques pour les Noirs.

Stax s'impliquera dans la vie de la communauté noire et le point d'orgue sera le film *Wattstax*, le Woodstock noir, un gigantesque concert donné par les artistes de la firme à la suite des émeutes qui éclatèrent au début des seventies dans le ghetto de Watts à Los Angeles.

Mais ce fut le chant du cygne de la maison de disques et le paysage de la soul music va être bouleversé avec l'arrivée d'autres talents (Stevie Wonder, Marvin Gaye, Curtis Mayfield, etc.) et d'autres labels. L'histoire continuait de s'écrire. Quand à Vigon, il retourna au Maroc où il ouvrit un restaurant. Si vous passez par Marrakech, allez manger un tagine chez lui et parlez-lui du Tchoo Tchoo, vous verrez alors ses yeux s'allumer et il vous montrera une photo d'un jeune homme derrière un clavier. En regardant bien la photo jaunie, vous pourrez reconnaître Michel Jonasz...

# 24
# Naufrage

Michel Drucker a massacré mon enfance. Dans son émission dominicale, on a vu arriver sur le plateau un vieil obèse barbu, figé, stratifié, qui, n'ayant plus sa tête, s'est mis à bredouiller la chanson de mon premier amour, le slow d'un été de colonie de vacances dont les paroles disaient :

*J'ai pensé qu'il valait mieux,*
*Nous quitter sans un adieu,*
*Je n'aurais pas eu le cœur de te revoir.*

C'est vrai qu'il aurait été préférable que Richard Anthony, puisque c'est de lui dont il s'agit, nous quitte sans un adieu, tant hier nous n'avions pas le cœur de le revoir. Nous n'avions pas le cœur non plus de revoir Annie Philippe, une blonde à la carrière éphémère mais dont la poitrine copieuse fut à l'origine des premiers émois nocturnes des garçons de la génération du baby-boom et qui est devenue une sorte d'Arielle Dombasle sénile. Tout au long de l'émission de Drucker, ce fut un défilé d'anciens chanteurs yé-yé devenus des vieillards emmoumoutés, appareil-dentarisés, le comble du pathétique étant atteint par un dénommé Michel Orso, qui interpréta il y a quarante ans une rengaine intitulée « Angélique » et qui voulut à toute force démontrer qu'il gardait une forme physique de jeune homme. À la fin de sa chanson, il se mit à danser une gigue frénétique et ridicule, qui faisait tressauter sa moumoute acrylique au rythme de ses pas. Il faut dire que, par manque de moyens, sans doute, le type portait du synthétique, du *made in Taiwan*, et ça, le complément capillaire, ça ne supporte pas le bon marché. Si vous n'avez pas les moyens de vous offrir du haut de gamme, du cheveu de Thaïlandaise piqué à la main façon Gérard Lanvin, mieux vaut rester chauve... Quoi qu'il en soit, enivré par ce passage à la télé après quarante ans d'oubli, Michel Orso dansa de plus en plus vite puis, saisi d'une sorte d'exaltation, il ôta sa veste et, tel Mick Jagger, la fit tournoyer au-dessus de lui. Bon, à chaque passage, on entendait craquer sa clavicule, puis il la jeta en pâture aux mamies du public. L'effet fut décevant, car aucune d'entre elles ne rattrapa la veste qui tomba au sol dans l'indifférence générale, mais surtout, une fois le chanteur resté en chemise, on constata que la chorégraphie avait entraîné une suractivité des glandes sudoripares dessinant sous ses aisselles des auréoles noirâtres. En voyant ces chanteurs pathétiques, on imaginait les galas en CX fatiguée, avec le smoking élimé accroché sur la vitre arrière, l'arrivée à la maison de retraite Les Myosotis, la salle du réfectoire, décorée de guirlandes de papier crépon, et les mamies qui, pendant le tour de chant, s'endorment soudain la bouche entrouverte. Devant France 2, c'est la France qui s'endormait la bouche entrouverte. Remarquez, je suis injuste car, dans les émissions de Drucker, même les jeunes semblent vieux. Ce fut le cas dans son autre émission, samedi soir, où des artistes vinrent, les larmes aux yeux, rendre hommage à Marseille. Hélène Ségara, notamment, expliqua à quel point elle aime cette ville où, nous dit-elle, se retrouvent tous les pays du pourtour de la Méditerranée, et là elle commence son énumération géographique. Bon, on la sentait inquiète, la France, là, elle guettait les réactions du coin de l'œil. « Ouais, j'ai bon, l'Algérie, ouais, encore gagné ! » Et là, elle s'est enflammée et elle a lancé : « Et surtout l'Arménie ! » Eh oui, grâce à Hélène Ségara, l'Arménie et la connerie sont devenues méditerranéennes. Mais revenons à la nostalgie. Le même jour, sur France 3, Line Renaud interprétait une ancienne speakerine déchue. Ce soir, un reportage nous racontera Chirac à son époque lunettes à grosse monture noire, quand le « Bébête show » l'imitait en faisant « crak crak ». Bref, vous l'avez compris, la nostalgie est à la mode, mais ce n'est pas une bonne nouvelle... Car beaucoup de ceux qui en Mai 68 scandaient « Nous sommes tous des Juifs allemands » sont devenus des Pascal Sevran, et pataugent dans l'eau douceâtre et croupie de leurs souvenirs par peur de continuer à nager au large. Ils s'en donnent néanmoins l'illusion en participant à des croisières « Salut les copains » où, les larmes aux yeux, ils chantent « Capri, c'est fini » avec Hervé Vilard.

Ces navires remplis de baby-boomers en couche Confiance ont beau être très luxueux et très sûrs, ils sont les *Titanic* des naufrages de la vieillesse des baby-boomers.

# 25

# Pulls shetland et treillis « Paix au Vietnam »

Au printemps 1966, la mode vestimentaire des teenagers était bucolo-martiale. On portait le jeans délavé, la chemise à fleurs et la veste de combat, un peu comme celle qu'arbora Bernadette Chirac lors d'une étape du Tour de France, il y a quelques années. Sauf que nos treillis n'avaient pas de col en castor du Mexique et qu'il n'y avait pas écrit « Hermès » dans un coin, mais beaucoup d'autres choses, inscrites au feutre noir épais. Généralement, on trouvait, entre les omoplates, le sigle de la paix, qui ressemble au logo Mercedes avec en dessous une phrase bien sentie sur notre opposition à la guerre. Bon, c'est vrai, la France n'était pas en guerre mais, Dieu merci, il y avait le Vietnam. Il fallait faire attention à bien calibrer et même dessiner un brouillon au crayon noir qu'on gommerait ensuite. Sinon, on avait le début de la phrase en grosses lettres sur le treillis et ça finissait par des lettres de plus en plus petites et serrées. Le pire, c'est quand le type n'avait pas pu finir sa phrase et qu'il manquait juste une lettre. On voyait écrit en gros « Paix au » et là, de plus en plus petit et serré, « Vietna », et juste en dessous le *m* final. Outre notre opposition à la guerre au Vietnam, nos treillis portaient bien d'autres messages qui allaient de sentences philosophico-romantiques sur la liberté ou la révolution à des trucs du même niveau crétin que les tatouages de M. Pokora ou que la chanson de Florent Pagny avec les huissiers qui veulent saisir sa liberté de penser. On trouvait enfin, pêle-mêle, les prénoms de nos fiancées, une vanne sur le prof de maths et sur l'haleine d'un copain de classe. Cette mode du treillis littéraire avait été lancée par le chanteur Antoine, étudiant à Centrale, lancé par Christian Fechner comme le Dylan français. Leur coup de génie fut de rassembler les pseudo-beatniks que nous étions et le grand public grâce aux « Élucubrations ». Mais nous préférions Antoine dans l'insolent « Je dis ce que je pense, je vis comme je veux » où, à la toute fin de la chanson, Antoine s'écriait : « Et merde ! », ce qui nous semblait le comble de l'audace et de l'insoumission, et nous mesurions le courage des programmateurs de radio au fait qu'ils coupent ou pas cette phrase essentielle. Étrangement, le mouvement musical qu'on appela *protest songs*, qui naquit aux États-Unis, trouva son paroxysme dans la lutte contre la guerre du Vietnam et fut copié en France, mais ne trouva que peu d'écho en Angleterre. Donovan, qu'on présente parfois comme le Dylan britannique, chantait surtout des mélodies romantiques et était plus proche du gentil troubadour que de Che Guevara. Peut-être tout simplement parce que déjà, à l'époque, l'Angleterre possédait une armée de métier, et que les jeunes Anglais ne risquaient pas d'aller au Vietnam, comme les Américains, ni même de faire leur service, comme les jeunes Français. Peut-être aussi parce que les Américains avaient les plus grands, Bob Dylan, bien sûr, mais aussi une multitude de groupes et de chanteurs engagés. On se souvient de Country Joe and the Fish faisant épeler *« f, u, c, k »* à Woodstock, mais la plus fameuse chanson engagée de tous les temps fut une prophétie apocalyptique chantée avec un sérieux inquiétant et qui devint numéro un en 1965. Le chanteur s'appelait Barry McGuire et la chanson « Eve of destruction ».

Le téléphone arabe du lycée était fiable. Il transmettait avec rapidité et crédibilité les nouvelles essentielles telles que les prochaines boums prévues et qui avait emballé qui, s'il lui avait touché la chatte ou juste roulé une pelle. Ce jour-là, la rumeur s'était répandue dans tout le lycée Victor-Puiseux d'Argenteuil : la boutique Chez Marcel à l'Imbattable organisait un spectacle dont les vedettes étaient un groupe anglais qui venait de faire un tube. La première partie étant assuré par les Melody Makers, le meilleur groupe du lycée, meilleur car les guitaristes faisaient tous les accords, même les plus difficiles, y compris les septièmes diminuées. Nous, nous ne faisions pas les septièmes diminuées. D'ailleurs, nous ne jouions que les accords principaux, notre batteur ne marquait que les temps principaux, jamais de contretemps, sinon, après, tout le groupe était perdu, et notre chanteur ne chantait que les paroles principales... C'est pour ça qu'on ne jouait que des choses ne comprenant que trois accords basiques, une rythmique simpliste, mais ça ne nous empêchait pas de nous la péter et de chanter ça en prenant des poses lorsqu'on s'approchait du deuxième micro pour doubler la voix du chanteur. Comme choses très faciles, il y avait aussi « Gloria », des Them, enfin tous ces trucs en *mi la sol, mi la si,* « La poupée qui fait non » et toutes ces chansons qui impressionnaient les filles. La boutique Chez Marcel à l'Imbattable faisait partie de la chaîne Sigrand Covett, dont le chanteur Jean-Claude Pascal était l'héritier. D'ailleurs, l'année précédente, il était venu au magasin d'Argenteuil pour signer des photos et distribuer des disques publicitaires en plastique souple blanc. Sur une face, il lisait un texte à la gloire des vêtements Sigrand Covett et, sur l'autre, il chantait son grand succès, « Nous les amoureux ». Je me souviens d'avoir pris un disque pour mes parents qu'ils n'ont jamais réussi à jouer, le saphir de leur tourne-disque glissant dans les sillons en plastique blanc. Mais cette année-là, ce n'était pas Jean-Claude Pascal qui était annoncé, mais un groupe dont le nom était tenu secret, mais qui venait de faire un tube. Et puis la rumeur enfla, devint certitude, c'était les Easybeats qui allaient jouer pour Marcel au cinéma Le Majestic d'Argenteuil, les Easybeats qui cartonnaient avec « Friday on my mind », les deux notes, « dou da dou da dou da dou da dou da dou »... et puis la voix qui entre : *« Monday morning feel so bad »...* D'autres affirmaient que c'étaient les Smoke avec les basses limées de la chanson « My friend Jack ».

Pourtant, vers 15 heures, après qu'un vendeur de Chez Marcel à l'Imbattable nous eut assuré que ce ne seraient pas les Easybeats qui joueraient le soir même, la rumeur évoqua la venue de Dave Dee, Dozy, Beaky, Mick & Tich, groupe étrange et éphémère dont la difficulté à retenir le nom n'avait d'égale que sa façon de s'habiller à la dernière mode de Carnaby Street qui était, cette année-là, le pantalon de velours rouge à grosses côtes, ou bien le costume, pantalon à carreaux et veste à rayures. Mais, malgré la logique vestimentaire, ce ne fut pas eux qui jouèrent ce soir-là, mais un obscur combo nommé Bunch of Fives, qui avait daigné s'arrêter à Argenteuil sur le chemin d'une tournée en Grèce pendant les vacances qui s'annonçaient. Du coup, devant la supercherie de Chez Marcel à l'Imbattable, nous sifflâmes ce groupe inconnu et nous fîmes un triomphe à nos amis les Melody Makers, dont le soliste avait ostensiblement roulé des cigarettes avec de l'encens dedans pour faire croire qu'il se droguait. Autant vous dire qu'il n'avait pas besoin de spot lumineux sur lui, puisque son visage passa par toutes les nuances chromatiques, à défaut de son jeu de guitare. Nous repartîmes déçus, non sans avoir balancé quelques chaises sur la piste et cassé la gueule au vendeur de Chez Marcel à l'Imbattable qui au dernier moment nous avait annoncé : « Normalement, j'ai pas le droit de vous le dire, ce sont les Box Tops qui viennent. » À partir de ce jour-là, nous ne sommes plus jamais allés acheter nos fringues chez Marcel à l'Imbattable. Nous allions chez Jean Raymond, sur les Grands Boulevards, on disait « Jean Rèm », mais ça aussi, c'est une autre histoire.

# 26
# Radio days

Le début des sixties marqua l'apogée de la radio. Chaque famille était fidèle à son antenne comme à sa marque de voiture, on était Radio Luxembourg comme on était Citroën. Avant que la télévision ne vienne bouleverser l'organisation de nos soirées, l'arrivée des postes à transistors avait déjà révolutionné la façon dont on écoutait la radio. C'en était fini des veillées familiales autour d'un gros poste de radio avec son œil vert qui indiquait la précision du réglage de la station et que l'on ajustait en déplaçant un cadre antenne placé sur la radio. Généralement, dans le cadre, il y avait la photo de mariage des parents. Plus la couleur de l'œil était homogène, plus on était proche de la fréquence en grandes ondes que les speakers nous rappelaient régulièrement et qui est restée gravée dans ma mémoire : Paris-Inter, l'ancêtre de France Inter,

1 852 mètres, Radio Luxembourg, 1 271 mètres, et Europe n° 1, 1 647 mètres grandes ondes.

Avec l'arrivée des transistors, chacun put écouter ses programmes favoris. Radio Luxembourg était la radio de nos grands-parents, qui attendaient avec impatience les émissions phares de la station : « La famille Duraton », « Quitte ou double », un jeu incroyablement populaire qui était parrainé par les huiles Lesieur qui constituaient le lot de consolation des perdants. Zappy Max, l'animateur, disait : « Vous n'avez pas tout perdu, car vous repartez avec, monsieur... » et le mec répondait : « Une bonne bouteille d'huile. » Dans toutes les épiceries de France, les clients demandaient « une bonne bouteille d'huile », et je n'ai jamais vu d'autre marque que Lesieur sur la table familiale.

Paradoxalement, les deux plus grosses vedettes de Radio Luxembourg étaient Zappy Max et Geneviève Tabouis ! Une sorte de Guy Lux ou de Cyril Hanouna avant l'heure, et Geneviève Tabouis, éditorialiste politique, qui était à la radio ce que Pauline Carton était au cinéma. Elle avait la voix autoritaire de ces vieilles dames qui allaient à la messe en tailleur sombre et coiffées d'un chapeau à voilette. Elle avait un gimmick qui consistait à commencer chacune de ses chroniques par une phrase toujours construite de la même façon, sur le plan grammatical et sur celui du ton. Ça donnait : « Au sujet des entretiens entre Khrouchtchev et Amarchold, j'ai appris... » Il y avait dans ce « j'ai appris » un parfum de mystère, on imaginait qu'un agent des services secrets lui avait donné l'info, et puis ce « j'ai appris » signifiait également qu'elle était la seule à avoir accès aux infos secrètes concernant les maîtres du monde. Elle parlait avec emphase, avec un ton de sociétaire de la Comédie-Française, et prononçait cette première phrase en montant dans les aigus, sans respirer, au point que parfois, quand la phrase était longue, on craignait qu'elle manque de souffle, ça donnait par exemple : « Au sujet des pourparlers secrets que le Kremlin et la diplomatie américaine ont entamés afin de trouver une solution acceptable pour les deux parties dans l'affaire des fusées de Cuba... » À cet instant, elle était très haut dans les aigus et à bout de souffle, alors elle marquait un temps qui lui permettait de reprendre son souffle et, redescendant de deux octaves, elle concluait : « J'ai appris... »

Nos parents écoutaient « Les maîtres du mystère », sur France Inter, qui s'appelait Paris-Inter à l'époque, et nous, dans nos chambres aux murs recouverts de photos de footballeurs, c'était Europe n° 1 qui sortait de nos transistors Pizon Bros posés sur nos cosy-corners entre des Dinky Toys et des cyclistes en aluminium. La famille prit sa revanche quelques années plus tard grâce à la télévision qui la réunit à nouveau.

Ma mère écoutait Paris-Inter. Le matin, elle faisait sa gymnastique sur le réveil musculaire de Robert Raynaud, professeur de gymnastique diplômé à la voix martiale, que l'on voyait parfois en photo sur des publicités pour des survêtements en coton bleu ciel. Elle divorça quelques mois après ma naissance, et nous vécûmes tous les deux dans un minuscule appartement bourgeois comme ceux des films de Diane Kurys. Comme dans les films de Diane Kurys, elle refit sa vie lorsque j'avais 7 ans et nous emménageâmes avec mon beau-père dans un appartement plus grand où j'avais ma chambre, avec un cosy-corner.

Si le décor ressemblait à un film de Diane Kurys, ma vie ressemblait à celle d'Antoine Doinel dans *Les Quatre Cents Coups*, de Truffaut, pour le petit garçon « difficile » que j'étais. Je ne cessais de faire des conneries, je l'ai écrit dans ce livre, je volais au Prisu, je déconnais à l'école ou dans les rues d'Argenteuil. Comme mon beau-père était une caricature de beau-père, j'étais toujours puni, privé... privé de foot, privé de télé lorsque nous eûmes la télé, privé de mon électrophone Teppaz et de mes disques. Étrangement, ils ne pensèrent jamais à me priver de ma radio, probablement parce que, dans sa niche du cosy, elle faisait partie du meuble. Cette radio devint mon amie. Je l'allumais systématiquement dès que j'entrais dans ma chambre et toujours de la même façon, j'entrais dans ma chambre, je claquais la porte et me jetais à plat ventre sur le lit et, à l'aveuglette, j'appuyais sur le bouton de la radio. Souvent, je me suis jeté sur le lit en pleurant après avoir claqué la porte très fort pour montrer à mes parents à quel point ils étaient « fascistes ».

Pierre Delanoë avait écrit une chanson pour Bécaud qui s'appelait « Salut les copains ». Europe utilisa ce titre pour désigner l'émission qui devint le symbole de cette jeunesse. Le monde se divisa en deux. Les copains et les croulants.

Je prétends que « Salut les copains » est la première graine d'émancipation qu'Europe n° 1 fit germer dans l'esprit d'une génération qui grandit avec la musique et qui fit grandir la musique jusqu'aux Beatles.

C'est un lieu commun de dire que l'on se souvient où l'on était et ce qu'on faisait quand on a appris une nouvelle dramatique comme le crash des avions sur les tours le 11 Septembre. Moi, je me souviens parfaitement que je roulais sur l'autoroute A6, juste après la sortie Auxerre, quand j'ai appris la mort de Robert Willar. Si cette nouvelle m'a autant bouleversé, c'est que cet ancien animateur d'Europe « numéro 1 », comme on disait alors, est l'un des héros de mon enfance. Il n'était pourtant qu'un faire-valoir. D'abord celui de Francis Blanche qui l'avait surnommé

Chichinou, puis celui de Coluche qui le surnomma Robert Vicelard. Tout en roulant, je me remémorais les voix mythiques de cette station, les grands journalistes, Jacques Paoli, André Arnaud, Georges Altschuler, Jacques Ourévitch, les meneurs de jeu, Harold Kay, Michel Cogoni, Hubert, qui anima « Dans le vent », mais surtout les filles qui nous firent tant rêver : Vonny, Françoise Rivière, Anne Perez, Viviane et puis Maryse... Toutes ces voix se sont lovées au creux de nos âmes bien plus intimement que ne le fera jamais aucune image.

J'avais 12 ans. Avec mon frère, nous faisions durer le petit déjeuner pour retarder le moment de partir à l'école. Nous jouions à faire deviner à l'autre un mot sur la boîte de Nesquik. Le jeu, c'était évidemment de trouver une mention écrite en minuscule, comme « calcium », ou en verticale, comme le « avant » de « consommer avant fin janvier 1965 ». Rituellement, ma mère débarquait dans la cuisine en disant : « Guy, dépêche-toi, c'est la fin de "Bonjour, monsieur le maire", tu vas rater le bus pour l'école. »

La radio de la cuisine diffusait cette émission d'Europe n° 1, présentée par un homme à la voix chaleureuse : Pierre Bonte. Il avait une bonne voix. J'aimais les « bonnes » voix... pas les belles voix, les bonnes voix, les bienveillantes, les atypiques, toutes celles qui sortaient de l'ordinaire, comme celle d'Albert Simon, avec son incroyable timbre ébréché, même si, pour être honnête, j'aimais aussi, pour des raisons spécifiques, les voix sensuelles des filles d'Europe n° 1. (Je vous ai déjà décrit mes premiers émois en fantasmant sur les voix de Vonny, Maryse, Françoise Rivière, Anne Perez, etc.)

Ah, les voix d'Europe n° 1 ! Albert Simon, qui nous a quittés il y a peu, avec son incroyable timbre ébréché et cet accent dont on ne pouvait dire l'origine géographique, lorsqu'il annonçait : « Il pleuvla sur Paris. » Il y avait aussi Pierre Bellemare, dont la voix sévèrement timbrée terrorisa toute la génération du baby-boom, mais cette autorité était toujours au service d'une bonne cause, avec l'émission « Vous êtes formidables ». Et puis, la star de la station à la voix de titi, l'électron libre, Maurice Biraud, si populaire qu'on le surnommait Bibi dans tous les cafés de France.

Car, de la même façon que les Beatles ont grandi avec nous, passant d'une musique de CM2 à une œuvre majeure, que Frédéric Dard nous accompagna avec au début des histoires policières que nous lisions en colonies de vacances et que, peu à peu, il nous apprenait la vie dans de longues et sublimes digressions, Europe nous a accompagnés avec « Salut les copains », qu'on écoutait en quittant l'école primaire, puis avec « Dans le vent », qu'on écoutait en faisant nos devoirs de collégiens, et avec « Campus », présentée par Michel Lancelot, une sacrée voix lui aussi dont l'émission démarra en avril 1968, et ce ne fut pas un hasard si Europe fut surnommée Radio barricades en mai 1968. Ce ne fut pas un hasard non plus si notre génération s'intéressa à l'info, car à une époque où les radios débutaient les journaux par la formule « Mesdames, mesdemoiselles, messieurs, voici le journal parlé », à Europe, un journaliste nommé André Arnaud commençait ses flashes par un chaleureux « Salut à tous ! ».

Je vous laisse imaginer mon émotion lorsque Marc-Olivier Fogiel m'a demandé en 2008 de le rejoindre rue François-Ier.

# 27
# Résidences secondaires

Tout a commencé comme un épisode des « Saintes chéries », le feuilleton vedette de la télé à cette époque. L'immense Micheline Presle y jouait la mère de famille débordée auprès de Daniel Gélin. Le couple avait des problèmes d'avant la crise. Des histoires de salle de bains inondée et de plombier qui ne venait jamais, de jeune fille au pair qui oubliait d'aller chercher les enfants à l'école et de belle-mère intrusive. Elle, tête en l'air, se faisait arrêter par les flics parce qu'elle roulait en sens interdit dans sa Mini Cooper. Lui oubliait leur anniversaire de mariage et rentrait éméché après un pot au bureau. Et puis, surtout, les aventures et les péripéties de la maison de campagne.

Par les temps qui courent, on a du mal à imaginer à quel point la croissance économique a amélioré le niveau de vie des ménages pendant les sixties. En quelques années, la génération de nos parents est passée d'un habitat sans confort, avec les toilettes dans la cabane au fond du jardin, et pour toute salle de bains le robinet de la cuisine, à l'appartement des « Saintes chéries », avec toilettes, salle de bains, frigo, machine à laver, télévision. Ivres de consommation, lorsqu'ils eurent acquis une voiture et tous les éléments du confort ménager, les Français se mirent à acheter le superflu, des conneries qu'on offrait à la fête des Mères, friteuses, yaourtières et autres sorbetières, des ouvre-boîtes électriques, et le symbole de la surconsommation stupide : le couteau électrique. Un truc pour couper le rosbif du dimanche, avec une lame qui faisait de courts allers-retours, qui coupait moins finement qu'un couteau de cuisine et qu'il fallait nettoyer ensuite.

C'est probablement lors d'un déjeuner dominical où, en voyant son mari découper le rosbif au couteau électrique, devant la grand-mère ébahie, que les Français prirent conscience qu'ils s'emmerdaient le week-end dans leur appartement. Alors vint la mode de la résidence secondaire. Ne pensez pas que cet achat était réservé à des personnes disposant d'un haut revenu. Mon beau-père, qui était agent de maîtrise, et ma mère secrétaire décidèrent d'acheter une maison de campagne. De la même façon qu'on dit que le meilleur moment dans l'amour, c'est lorsqu'on monte l'escalier, le meilleur moment dans l'acquisition d'une résidence secondaire, c'est lorsque mes parents ont acheté l'*Indicateur Bertrand* et que toute la famille a cherché la maison idéale. Pour cette acquisition, mes parents ne disposaient que de 10 000 francs, et la seule annonce à ce prix décrivait une fermette de charme à revoir située dans le Morvan. Tout au long du trajet, nous nous interrogeâmes sur le sens de ce « à revoir » qui inquiétait ma mère, mais par ailleurs elle était séduite par l'expression « de charme ». Elle imaginait une fermette retapée avec goût, poutres apparentes, fenêtres à petits carreaux, entourée d'un beau terrain à la belle pelouse et aux massifs fleuris.

Dire que nous fûmes déçus en voyant la maison est un euphémisme. Nous étions effondrés. Fermette était un qualificatif largement surévalué pour qualifier cette chose dont seules deux pièces étaient habitables, si l'on considère qu'on peut habiter dans une cuisine avec une cheminée et une chambre minuscule dont le sol est en terre battue, le reste de la maison était à aménager ainsi que les dépendances, à savoir une grande grange à la toiture effondrée.

Mais peu importe, comme dans le feuilleton « Les saintes chéries », mes parents avaient acheté une maison de campagne et, aux beaux jours, ils y recevaient des amis au milieu des travaux. Ma mère préparait l'apéritif sur la terrasse avec du saucisson de pays et une soupière d'Américano. Nous les enfants profitions de l'euphorie des grands pour en boire discrètement un verre et, sous le soleil de juillet, l'effet était immédiat. Nous partions alors nous allonger près d'une rivière en emportant le « transistor », un Pizon Bros, dans sa housse en mousse. C'est là qu'un jour, allongé dans l'herbe, les yeux clos pour cause d'Américano, j'ai entendu cette intro d'une chanson de James Brown, une longue descente de violon cassée d'un coup de timbale, et cette voix magnifique qui commence à chanter :

*This is a man's world,*
*This is a man's world.*

Et puis peu à peu la voix s'éloigne et, au moment où je m'apprête à râler, une autre voix, chaude, complice, incroyablement intime se met à traduire la chanson :

« C'est un monde d'hommes. » Cette voix appartenait à Jacques Ourévitch. Chaque jour cet été-là, sur Europe, il traduisait les succès américains et anglo-saxons de l'époque.

Il y a quelques jours, j'ai reçu une lettre écrite sur un papier à en-tête à l'ancienne. Un nom et un prénom y sont imprimés d'une écriture penchée en léger relief. Au bas de la page, une adresse du 16e arrondissement de Paris. On devine un appartement cossu, un salon silencieux, un abat-jour près d'un chesterfield, un piano sur lequel reposent les cadres d'une vie, une famille dans une calèche sur la neige à Courchevel, un couple sur une Land Rover à côté d'un guide africain qui sourit de toutes ses dents, une photo du propriétaire des lieux danser avec Brigitte Bardot dans une boîte de nuit, le même homme dans un studio de radio levant le doigt vers la régie, et puis un bureau-secrétaire en marqueterie, sur lequel une lampe de bureau de banquier en cuivre et pâte de verre éclaire un sous-main de cuir usé sur lequel traînent un stylo Montblanc et quelques feuilles du papier à en-tête à l'écriture penchée.

Je lis et relis le nom en léger relief… Jacques Ourévitch. Il m'écrit qu'il aime beaucoup m'entendre à la radio, qu'il aime le son de ma voix et qu'il regrette la « non-concordance des temps » de nos vies. Il regrette que nous ne nous soyons jamais rencontrés. Il se trompe, nous nous sommes rencontrés, il y a longtemps, tout un été au bord d'une rivière.

Il y a des jours comme ça où le monde est un monde d'hommes.

# 28
# Saint-Lago et grands magasins

Ce jour-là, le film à l'affiche du Lutetia s'intitulait *Les Dimanches de Ville-d'Avray*. Au milieu d'un panneau vitré à l'entrée du ciné, des photos du film, des louanges des critiques extraites du contexte de l'article dans lequel elles figuraient et le synopsis du film. À sa lecture, nous décidâmes de ne pas entrer dans la salle, persuadés qu'on se faisait autant chier le dimanche à Ville-d'Avray que le jeudi à Argenteuil lorsqu'au Lutetia on jouait *Les Dimanches de Ville-d'Avray*.

« On va à Paris ? » La phrase ponctuait l'ennui d'un jeudi à Argenteuil. L'itinéraire d'un enfant pas gâté.

« À la gare Saint-Lazare, salle des pas perdus », chantait Colette Deréal.

Colette Deréal ! Pardon pour cette digression avant de vous raconter Saint-Lago, mais en écrivant le nom de cette chanteuse, j'ai l'impression d'être une benne au bout de la chaîne d'une usine de madeleines dans laquelle le tapis roulant déverse des tonnes de souvenirs.

La madeleine Colette Deréal a le goût des dimanches matin des sixties.

Avant d'arriver à Saint-Lazare on passait Le Stade, Colombes et Bois-Colombes. Une quinzaine de minutes dans ces trains de banlieue noircis par la suie des locos à vapeur des trains grandes lignes qui les dépassaient. À Saint-Lago, à gauche, les lignes riches, Versailles, Bougival, Saint-Nom-la-Bretèche, puis plus on allait vers la droite, plus on allait vers la zone. Pontoise, Mantes, puis Nanterre, puis Colombes, Argenteuil, et le turbotrain qui marquait le début des grandes lignes, et ensuite les grandes lignes, au bout du quai le train pour Le Havre. La Rolls de Saint-Lago, avec des compartiments à petits rideaux, avec les photos dans des cadres au-dessus de chaque siège passager. Des photos en rapport avec la zone géographique desservie : Les Andelys, Étretat, Cabourg, etc.

Il y avait des stands où l'on consommait debout, avec l'appareil à hot dogs dont on voyait les saucisses debout à travers le verre. Il y avait aussi un vendeur de billets de loterie. Longtemps, ce furent des mutilés de la guerre de 1914 qui obtinrent le droit de vendre les tickets de loterie. On les appelait les « gueules cassées », et celui de la gare Saint-Lazare portait mal son nom, puisqu'il avait le visage intact. En revanche, on l'avait amputé des deux jambes et c'est son fauteuil roulant qui lui servait de boutique à billets de loterie. Il portait un béret profondément enfoncé et une impressionnante batterie de médailles sur sa veste militaire, et c'est d'une voix martiale qu'il annonçait les tirages spéciaux Saint-Valentin. Tout le monde le connaissait sous le nom de « Aïe, mon cul » car, lorsqu'il quittait la gare, il lui fallait descendre les escaliers avec son fauteuil roulant qui sautait sur les marches, provoquant probablement des douleurs terribles à l'amputé. À chaque marche, il s'écriait : « Aïe, mon cul ! », ce qui nous faisait hurler de rire. Par ailleurs, son statut de héros de la Grande Guerre l'autorisait à dire tout haut ce qu'il pensait et à faire des commentaires hauts en couleur sur ceux qui défilaient devant sa chariotte. « Regarde-moi cette faune, j't'enverrai tout ça chez l'coiffeur. » Avec ma bande d'Argenteuil, on jouait à l'énerver. On passait l'un après l'autre ostensiblement devant lui, et à chacun de ses commentaires on pleurait de rire... « Et celui-là, on dirait une gonzesse. » Un jour, il nous a dit : « Moi, j'te dégagerais tout ça à la mitrailleuse. » Il était évidemment raciste, sauf envers les Sénégalais, qu'il respectait pour leurs faits d'armes, et il avait coutume de dire : « Maintenant, à Saint-Lazare, c'est crouillats, bamboulas et compagnie. »

C'est là qu'on se donnait rendez-vous, c'est là qu'on téléphonait dans la série des dix cabines au bout de la salle des pas perdus, et c'est dans l'une des librairies qu'on trouvait, arrivant directement de Londres, le *Melody Maker*. Ce fut le nom du groupe de rock du lycée : les Melody Makers. On disait « les mélos ».

On empruntait le passage du Havre, un paradis aux vingt-cinq boutiques de trains électriques et de soldats de plomb, et on arrivait rue de Provence. Là, nous passions et repassions devant les prostituées en espérant que, comme nous étions jeunes et beaux, elles nous disent : « Viens, mon petit, pour toi ce sera gratuit. » Généralement, elles finissaient par nous chasser en nous insultant.

Après avoir traîné quelques instants devant les camelots qui vendaient des souris mécaniques, des moules à gaufres et un appareil à vapeur qui permettait de défroisser les vêtements, on traversait enfin le souffle d'air chaud qui nous tombait sur la nuque en passant le seuil des grands magasins et on entrait alors dans un monde merveilleux où des vendeuses qui ressemblaient à Françoise Dorléac faisaient découvrir des parfums d'une brève vaporisation à l'intérieur du poignet de femmes qui ressemblaient à Delphine Seyrig tandis qu'on entendait « This guy's in love with you », par Herb Alpert, en fond sonore.

Quand j'étais petit, j'aimais bien prendre l'ascenseur dans les grands magasins. Il y avait des grooms en livrée avec une casquette ouverte sur le dessus comme Macha Béranger, et ils annonçaient : « Premier étage, lingerie, vêtements femmes, layette », etc.

Moi, j'attendais l'étage des jouets.

En grandissant, nous y allions pour d'autres raisons. Un jour, comme dans la chanson de Voulzy, je me suis fait gauler, « c'est dingue, avec un single des Stones caché sous mes fringues ». Le type de la sécurité qui m'a chopé par le bras au moment où je sortais du magasin m'a emmené directement au commissariat de la rue de Provence. Les flics avaient l'habitude. Ils ont noté mon identité et m'ont fait entrer dans une sorte de cage occupée par une pute qui réparait son bas filé « par ces enfoirés de flics », disait-elle en le pinçant entre son pouce et son index qu'elle avait préalablement enduits de salive, et un clodo endormi qui s'était pissé dessus. Je n'oublierai jamais le regard de ma mère lorsqu'elle est venue me récupérer, le soir, en me voyant dans la cage avec mes deux compagnons.

# 29
# Sans rire

Curieusement, l'humour fut le seul domaine musical dans lequel les années 1960 ne furent pas une période créative et révolutionnaire.

Il y avait dans le rock et la pop un romantisme post-pubertaire et une révolte qui supportaient mal l'humour. Certes, il y eut des parodies, mais peu de vrais chanteurs rock ou de groupes pop construisirent une œuvre fondée sur l'humour.

Avec sa voix de baryton, son personnage de sorcier vaudou, ses costumes de music-hall et ses chansons folles ponctuées de cris perçants, Screamin' Jay Hawkins est sûrement l'homme de spectacle le plus outrancier du rock. Précurseur d'Alice Cooper, qui monta sur scène avec un python, et d'Ozzy Osbourne, qui arrachait la tête des chauves-souris, son plus grand tube, « I put a spell on you », est devenu un classique de la chapelle Sixties.

Avec un goût exquis, Screamin' Jay Hawkins entrait sur scène dans un cercueil, coiffé d'une coupe façon Pompadour crépue, une vague référence mi-shakespearienne mi-vaudoue étant constituée par le crâne fiché dans un bâton qu'il brandissait tel un imprécateur vaudou.

Son autre grand succès, et je vous demande pardon de l'évoquer à cette heure apéritive, son autre grand succès s'intitule « Constipation blues » et fut, d'après la légende, le strict compte rendu scatologique d'une crise de constipation simultanément vécue et écrite sur le rouleau de papier toilette...

En France, où l'on ne réussit jamais à faire une musique pop de qualité, nous connûmes un peu plus de réussite avec la pop rigolote. Par exemple, le groupe Les Problèmes, accompagnateurs d'Antoine, avec Gérard Rinaldi au chant, un garçon qui avait si peu le sens du rythme qu'on était obligé de vider l'intérieur de ses maracas afin qu'il ne mette pas la pagaille dans le rythme, Les Problèmes, disais-je, comprirent qu'il y avait un créneau à prendre dans la pop parodique. Ils prirent le nom des Charlots et commencèrent une longue route vers la vulgarité, et finalement le néant.

Le seul qui réussit à parodier le blues, le rock ou le twist fut Henri Salvador. Cet homme a ensoleillé nos enfances avec des chansons marrantes et des shows télé qui dans nos mémoires restent liés à Noël, les « Salves d'or », smoking blanc, devant un décor de sapins, de cadeaux et de guirlandes lumineuses dessinant le nom des invités. Il était le roi des Scopitone, une sorte de juke-box avec images qu'on trouvait dans certains cafés, et où l'on pouvait voir les ancêtres des clips vidéo. Je me souviens de « Zorro est arrivé », où on le voit attaché sur une voie ferrée avec le petit train du jardin d'acclimatation qui roule vers lui, de « Juanita banana » avec ses tresses qui montaient et descendaient à chaque note de la diva qui chante, et de son déguisement de contrôleur fou façon Jerry Lewis dans « Twist SNCF ».

Un jour, dans une émission de radio où il venait faire la promo de l'album *Chambre avec vue*, qui marqua son grand retour, il me demanda de lui écrire les textes de scène de son ultime spectacle au Palais des Congrès. Il savait qu'il allait me faire gagner beaucoup d'argent avec les droits d'auteur de l'album live, du DVD et des concerts de sa tournée, mais ça l'embêtait de me voir travailler sur ces textes et de n'être payé qu'un an plus tard par la Sacem. Il vivait place Vendôme, au-dessus d'une galerie de peinture. Il y acheta une toile qu'il m'offrit en me disant : « Ça se trouve, je serai mort avant que tu touches des droits d'auteur. »

Le soir de la première, je fus le seul admis dans sa loge. Henri prenait sa douche et moi, je l'attendais, assis devant une table sur laquelle se trouvaient une bouteille de bordeaux et des bols remplis de mélanges apéritifs dans lesquels je sélectionnais les noix de cajou, dédaignant comme tout le monde les cacahuètes, les pistaches fermées et les raisins secs. On frappa à la porte. « Tu veux bien ouvrir ? » cria Henri de la douche. Je me retrouvai face à Alain Delon qui était le seul qu'on avait laissé passer. Comme nous n'avions rien à nous dire, nous nous sommes assis face à face autour de la table, il s'est servi un verre de bordeaux puis il a plongé sa main dans le bol du mélange apéritif. Je voyais son bras à 20 centimètres devant moi et j'en tremblais d'émotion. Je ne sais pas pourquoi sa main me fit penser à un film que j'avais vu en colonie de vacances, *Mélodie en sous-sol*, dans lequel Delon avait un rituel lorsqu'il sortait une cigarette son paquet, il la faisait glisser le long de ses lèvres comme pour mieux coller le papier. Et parce que c'était Alain Delon, ce geste de voyou devenait soudain d'une élégance folle et nous nous amusions à le refaire lorsque nous fumions en cachette nos premières cigarettes. Je regardais sa main et c'est là que je me suis aperçu que cette main, la même qui sortait avec classe les Gitane de leur paquet et les faisait glisser sur ses lèvres, cette même main était en train de chercher dans le bol qui contenait le mélange apéritif les rares noix de cajou que je n'avais pas mangées.

À cet instant, on entendit le son d'une trompette et Henri Salvador fit son entrée dans la pièce, en slip. Il se chauffait les lèvres en jouant du New Orleans. Delon se leva et ces deux-là, qui étaient là dans mon enfance, se serrèrent dans les bras l'un de l'autre, c'était comme si Rocco embrassait Minnie petite souris. J'avais 10 ans.

# 30
# Séquences du téléspectateur des sixties

À l'origine, lorsqu'on n'était pas encore habitué à la télévision et qu'il n'y avait qu'une chaîne, on « l'allumait » dès qu'elle diffusait des programmes, et nos dimanches d'enfance commençaient par « Le jour du Seigneur ». Pour être franc, on ne regardait pas vraiment, on attendait « La séquence du spectateur » et le moment où le cliquetis d'une machine à écrire rythmant un cha-cha-cha à la trompette rassemblait la famille devant le téléviseur. On criait « Ça commence ! » à la mère de famille qui arrivait en retard en essuyant ses mains blanchies par la farine de la tarte au citron meringuée. Ça sentait bon dans la cuisine et nos parents se servaient un guignolet kirsch en écoutant Catherine Langeais qui présentait les trois films d'une voix douce. Il y avait toujours un film d'aventures comme *Till l'Espiègle*, avec Gérard Philipe, ou *Scaramouche*, avec

Gérard Barray, que nos mamans trouvaient si beau, et Noël Roquevert qui jouait les méchants. Il y avait aussi un film en noir et blanc avec Jean Gabin qui ronchonnait mais qui était très gentil au fond, ou bien *Le Docteur Jivago*, et pour finir un film rigolo comme *Le Triporteur*, avec Darry Cowl. À chaque fois, on trouvait que les extraits de films étaient trop courts. Après, on déjeunait dans la vaisselle du dimanche pendant que Denise Glaser « silençait » Barbara.

Puis « Téléfoot » remplaça « La séquence du spectateur » et les truismes sevranesques remplacèrent les silences de Glaser. Alors on n'eut plus aucune raison de regarder « Le jour du Seigneur ».

Puis nous découvrîmes les speakerines qui présentaient les programmes. Chacun avait sa préférée. Les mamans aimaient le côté sage de Catherine Langeais, les papas préféraient la sexy mais classieuse Jacqueline Huet et nous, les enfants, nous adorions Anne-Marie Peysson, qui bafouillait, dont nous partagions les fous rires. Les programmes de Noël avaient une dominante douce, enfantine et religieuse. Enfantine avec « L'ami public numéro un », une émission que nous adorions dans laquelle Pierre Tchernia présentait des extraits de dessins animés de Walt Disney, « Histoires sans paroles », constituée de vieux films burlesques avec le fameux générique joué au pipeau sur lequel on voyait une vieille voiture se plier dans tous les sens. Le jour de Noël, la télé diffusait un film à caractère religieux. Cette année-là, ce fut *Monsieur Vincent*, avec Pierre Fresnay, une évocation de saint Vincent de Paul.

À la Saint-Sylvestre, l'ambiance était totalement différente. On agrémentait le décor des speakerines de trois cotillons qui pendaient du guéridon sur lequel était posée leur habituelle composition florale ainsi que d'une coupe de champagne, et l'humeur était aux paillettes et à l'humour avec « La caméra cachée » des frères Rouland et un grand show présenté par Sacha Distel, monsieur Scoubidou, « Sacha show ». L'après-midi du jour de l'an, la télé diffusa un grand film populaire, *Don Camillo*, avec Fernandel.

Mon premier souvenir de théâtre à la télévision, ce sont *Les Perses*. J'avais 10 ans, la télé me faisait découvrir Eschyle. « Ce n'est pas du théâtre », disaient déjà les cassandres. Puis Claude Santelli nous fit découvrir Cervantès, la comtesse de Ségur, Jules Verne, Herman Melville. À la télé, j'ai vu avec autant de plaisir *La Résistible Ascension d'Arturo Ui*, jouée par la troupe du TNP, que Jean Le Poulain, Christian Alers et Yvonne Clech dans « Au théâtre ce soir ». À chaque fois, on me disait : « C'est pas du théâtre. »

Et Pierre Tchernia, « L'ami public numéro un ». À l'école, on le confondait, avec Pierre Bellemare ou Pierre Sabbagh, probablement parce qu'on le voyait dans des émissions qui n'avaient aucun rapport avec Mickey. Je me souviens notamment qu'il avait assuré la première liaison télé dans un train qui venait de Lille, je crois, et puis il participait au mythique « Cinq colonnes à la une », et là aussi il y avait plein de Pierre, Lazareff, Desgraupes, Dumayet. À cause de lui, j'ai perdu mon innocence d'enfant. Le voyant commenter l'Eurovision, ma mère déclara : « Encore Tchernia, qu'est-ce qu'il doit gagner ! » Ce jour-là, ma mère m'a sorti du monde de l'enfance pour entrer dans celui des grands. Je n'avais jamais pensé que les gens que j'aimais, Kopa, les Beatles ou Tchernia, puissent être payés car, de la même façon que les anges n'avaient pas de sexe, nos idoles n'avaient pas besoin d'argent puisqu'ils étaient Kopa, Fontaine, les Beatles ou Tchernia. Je n'avais jamais pensé que dans des bureaux d'avocats d'affaires dans un building de La Défense on discute de contrats.

Les rituels des dimanches soir étaient imposés par la télévision. On dînait à 19 h 30 de façon à avoir terminé pour le journal de 20 heures. Ma mère ne regardait pas, occupée à ses tâches ménagères, mais, à chaque retour de la cuisine dans le salon-salle à manger pour y débarrasser la table, elle s'arrêtait, regardait l'écran un instant et demandait : « C'est qui, lui ? » ou bien « Qu'est-ce qu'il a fait ? ».

Entre le journal télévisé et le film du dimanche soir, il y avait « Sports dimanche ». Le générique débutait par une intro de marche militaire à la trompette, puis un coup de sifflet strident lançait une succession d'images illustrant les disciplines sportives. Un plongeon de gardien de but, un discobole, des rameurs et, après la plongeuse qui effectuait un double saut périlleux, les journalistes assis derrière des bureaux métalliques annonçaient les résultats sportifs du week-end. Je buvais leurs paroles et j'écoutais, bouche bée, les scores confirmés par des panneaux. Cette émission a laissé dans nos mémoires un sacré paquet de madeleines de Proust. Gainsbourg aurait pu écrire « Ex-clubs des sixties » en demandant : « Que sont devenus Graffenstaden, Orthez, Quillan, l'Alsace de Bagnolet, les Carabiniers de Billy-Montigny, l'ACBB, la Stella de Saint-Maur ? »

# 31
# Sports dimanche

Dans les sixties comme aujourd'hui, le foot était le sport roi des mômes.

Mes premiers souvenirs de foot sont en noir et blanc, un peu comme ces films d'actualités dont le générique s'achevait par un coq égosillé.

Je me souviens de mon premier « vrai » ballon de cuir. Je l'aimais plus que tout. Ce n'est pas une formule, j'aurais accepté la mort de ma mère pour le sauver.

C'était un magnifique scaphandre avec sa valve en caoutchouc noir, où nous enfilions ce petit embout de cuivre vissé à nos pompes à vélo. Putain de valve qui glissait régulièrement sous le cuir, nous obligeant à faire glisser à l'aveuglette la chambre à air pour la retrouver. À l'usage, le cuir se patinait, le ballon perdait sa belle couleur fauve, mais j'aimais cette usure grisâtre que lui donnaient nos matchs enfantins. Lorsqu'il pleuvait, le cuir épongeait l'eau et le ballon pesait alors une tonne, nous laissant à demi assommés lorsqu'on faisait une tête.

Je vivais avec mon ballon. Je dormais avec. Le matin, lorsque ma mère me réveillait, vite une série de jongles avant d'aller déjeuner. Sur le chemin de l'école, une petite conduite de balle en dribblant les passants sur le trottoir. Je l'emportais à l'école, mais il y était inutile, car les ballons de cuir étaient interdits pour nos matchs de récré. Nous jouions alors avec de petites balles de mousse jusqu'à ce qu'un prof sadique ou à qui son épouse avait refusé le devoir conjugal la veille nous les confisque.

Au retour de l'école, après le « goûter », j'allais jouer sur le terrain vague de la rue de l'Abbé-Ruellan, juste à côté du pavillon d'un vieux con à lunettes qui binait son jardin et qui ne rendait pas les ballons qui tombaient chez lui.

Tout le monde nous volait nos ballons.

Mais les pires, c'étaient les grands qui venaient nous faire chier, les mêmes qu'on retrouvait aux autos tamponneuses et qui s'amusaient à nous faire peur devant nos petites fiancées. La mèche tombante qu'ils repeignaient comme Elvis, ils débarquaient oisifs et nonchalants et s'imposaient dans nos matchs de terrain vague, en jouant la cigarette aux lèvres et en chaussures italiennes à bouts pointus. Quand ils en avaient marre, ils balançaient le ballon d'un grand coup de chaussure italienne dans le jardin du vieux con à lunettes. Alors les grands riaient, allumaient une Player's et repartaient à la fête foraine.

L'un de nous escaladait le mur du vieux con à lunettes et relançait le ballon par-dessus la clôture, et nous reprenions nos championnats de terrain vague. Les frères Ahibi étaient le Racing, Agneret et moi, Monaco, et les frères Conor, le Stade de Reims.

Comme le terrain vague de la rue de l'Abbé-Ruellan était en forte pente, l'équipe qui devait monter bénéficiait d'un but d'avance. Évidemment, comme nous n'étions que deux par équipe, il y avait « goal volant », vous vous souvenez de ça, goal volant, c'est-à-dire qu'il avait le droit de jouer dans le champ. À l'école aussi, lorsque nous n'étions pas assez nombreux, il y avait goal volant. Je me souviens que ça me gênait, ce gardien qui pouvait marquer.

D'Argenteuil à Colombes, il n'y a que la Seine à traverser. Très tôt, je suis allé au stade. Colombes, c'était l'équivalent du Stade de France. Construit pour les jeux Olympiques de 1924, on y jouait toutes les grandes compétitions, les matchs internationaux de foot, les championnats d'athlétisme, les matchs de rugby du tournoi des Cinq Nations. La première fois de ma vie où je suis allé dans un stade, j'ai entendu le public chanter « Aux chiottes, l'arbitre ! », et je dois vous avouer que j'en ai éprouvé une grande joie. Car l'enfant que j'étais à l'époque découvrait soudain que le stade était le seul lieu où l'on pouvait remettre en cause les représentants de l'autorité et du pouvoir...

À l'époque, les arbitres étaient des petits bonshommes chauves et bedonnants vêtus de noir comme s'ils portaient le deuil du sport qu'ils ne pratiquaient pas... Autrement dit, ils ressemblaient à nos maîtres d'école, à nos petits chefs de service, à des brigadiers de police dont ils avaient l'autoritarisme.

Mais très vite, j'ai appris à aimer les arbitres... D'abord parce qu'il faut vraiment être passionné de sport pour accepter d'être sur un terrain le seul à ne pas le pratiquer... Et puis, surtout... parce que j'ai compris que l'arbitre a une fonction sociale, il permet aux spectateurs d'évacuer leur colère et leurs frustrations. Les arbitres sont le point de fixation de toutes nos révoltes contre l'autorité, ils symbolisent toutes les formes de pouvoir qui nous briment, nous oppriment et nous répriment.

Ceux qui crient « Aux chiottes, l'arbitre ! » dans les stades se soulagent de ne pas pouvoir le crier à leurs profs, à leur patron, à leur femme. Et si on envoie l'arbitre aux toilettes, c'est bien qu'il symbolise tous ceux qui nous emmerdent...

Voilà pourquoi il ne faut pas en vouloir à ceux qui chambrent les arbitres. Ils sont restés des enfants.

# 32
# Tour de France

Pourquoi ai-je gardé au fond de ma mémoire cette scène d'un film de guerre en noir et blanc où des soldats français, prisonniers, sont entassés dans un wagon de marchandises qui les emmène vers l'Allemagne ? Le voyage est interminable, les soldats, épuisés et démoralisés, ont faim et soif, quand tout à coup, sortant de sa léthargie, l'un d'entre eux rompt le silence en disant : « Vous voyez, les gars, le plus terrible, c'est quand je pense qu'en ce moment il devrait y avoir le Tour de France. » Et cette image rallume les yeux de ses compagnons qui, soudain, dans ce wagon qui les emmène en Allemagne, se mettent à imiter tels des enfants les speakers radiophoniques de l'époque.

Pourquoi ai-je gardé au fond de ma mémoire un pique-nique de colonie de vacances en juillet 1962, dans le col du Granier, où nous attendions le Tour de France ? D'abord, la caravane publicitaire nous distribuait des « cadeaux » que les hôtesses jetaient à la volée, des porte-clés en scoubidou, des buvards à l'effigie du chocolat Menier, et des calots (est-ce que les militaires portent toujours des calots ?), des calots de papier, disais-je, sur lesquels il était stipulé que le vin des Rochers était le velours de l'estomac ! Il faut dire qu'à l'époque les cautions médicales à des fins publicitaires étaient pour le moins audacieuses, puisque du haut-parleur d'une autre voiture de la caravane sortait une voix qui affirmait que les Royale Menthol étaient les cigarettes des champions. Mais revenons au col du Granier... Les cris de joie que poussait le public au gré des offrandes de la caravane publicitaire s'estompèrent au fur et à mesure que cette dernière s'éloignait et, à la place, on entendit, montant des lacets qui nous précédaient, une marée de vivats. Cet enthousiasme collectif joyeux mais plein d'admiration s'amplifiait au fur et à mesure qu'une Citroën traction avant aux couleurs de la marque Suze grimpait le col et, soudain, débouchant du virage qui nous précédait, elle apparut. Coiffée d'un sombrero et juchée sur le toit de la traction, Yvette Horner jouait « Perles de cristal » avec un grand sourire. Malgré mon très jeune âge, je devinais que ce sourire était obligatoire, stipulé par contrat, car qui aurait envie de sourire après 150 bornes à jouer de l'accordéon sur le toit d'une traction ? D'ailleurs, il s'agissait plus d'un rictus de douleur que d'un sourire, et la première pensée qui vint à mon esprit d'enfant fut qu'elle devait avaler un paquet de moustiques et d'insectes divers. À peine Yvette et son triomphe s'étaient-ils éloignés vers le sommet qu'une rumeur montait dans le public : Raymond Poulidor a pris la tête de l'ascension du col. Effectivement, ce fut Poupou qui, le premier, surgit du lacet situé avant notre groupe...

Le public était fou de joie, car il adorait Poulidor autant qu'il détestait Anquetil. Poulidor gagna l'étape, mais Anquetil gagna le Tour. Et nous, de retour à la colo, nous reconstituions en terre le col du Granier que nous faisions grimper à des figurines de coureurs en laiton.

Pourquoi ai-je gardé en mémoire cette interview servile de Lance Armstrong par Jean-René Godart au cours de laquelle ce dernier flagorna de façon éhontée avec le tricheur yankee, lui tirant « un grand coup de chapeau » ? Je me souviens aussi du rire d'Armstrong à la fin de l'entretien, lorsque Godart se leva et qu'on s'aperçut qu'il avait la braguette ouverte, comme un symbole de sa soumission. Malgré ça, j'éprouve de l'affection pour Jean-René Godart, car il a dans la voix des torrents d'émotion qui viennent de l'époque où il jouait avec des cyclistes en laiton. Et si les journalistes de France 2 sont les seuls à employer l'expression « un grand coup de chapeau », c'est parce qu'elle date des Tours de leur enfance.

Je vous ai raconté ces trois souvenirs, mais je suis sûr que chacun de vous garde au creux de sa mémoire ses propres souvenirs du Tour de France. C'est pour ça que, malgré Armstrong, malgré le dopage, malgré ces coureurs dont les casques profilés les font ressembler à des insectes mutants, si le Tour de France restera toujours populaire, c'est que chaque année il constitue pour chacun de nous un tour d'enfance.

# 33
## Twist, madison, madison-twist et autres hully-gully

Lorsque Johnny Hallyday débarqua et attisa le conflit des générations avec une attitude provocatrice, se roulant par terre sur scène à une époque où un pas de danse esquissé par Tino Rossi était considéré comme une audace, les médias le considérèrent comme un rebelle, faisant leurs gros titres d'une bagarre à Strasbourg ou d'une virée bruyante en moto et l'assimilèrent à un « Blouson noir ». Les « gros pardessus » comprirent très vite l'intérêt qu'ils pouvaient tirer de cette explosion musicale, mais comme les disques qu'achetaient les jeunes étaient financés par l'argent de poche donné par les parents, il fallait ménager ces derniers. Vous voyez ce que c'est, un gros pardessus, c'est un vieux qui gagne de l'argent avec les jeunes. On les retrouve dans le foot, dans la musique, ils existaient déjà à l'époque, ils s'appelaient Johnny Stark ou

Eddie Barclay et ils comprirent tout de suite que, grâce à cette explosion musicale, ils allaient pouvoir faire poser de la moquette à longs poils et recouvrir les poutres de cuir blanc dans leurs résidences de Montfort-l'Amaury. En leur offrant une Floride ou une Austin Mini, ils n'eurent pas de mal à convaincre les jeunes chanteurs rebelles que, comme disait Gainsbourg, s'ils retournaient leurs vestes, ils constateraient qu'elles étaient doublées en vison. Alors, les yé-yé vendirent non seulement leur âme aux marchands du temple mais aussi leur dignité, car les gros pardessus n'hésitèrent pas à les faire sponsoriser par des marchands de chaussettes ou, pire encore, comme ce groupe de rock nommé Les Pirates... par l'industrie laitière ! En contrepartie, Les Pirates, dont le chanteur se nommait Dany Logan, firent un tube avec une chanson qui s'intitulait... «Je bois du lait», et dont je ne résiste pas à vous livrer un extrait du texte :

*Je me moque du temps qu'il fait,*
*Soleil ou bien la pluie*
*Ne changent pas mon humeur,*
*La joie est dans mon cœur.*
*Et si je peux prétendre*
*Conserver la forme que j'ai,*
*C'est que je bois du lait.*

Quelques années plus tard, la sono d'une grande surface d'Argenteuil dans laquelle je me trouvais annonça la présence d'une grande star du rock'n'roll pour animer une promotion sur les produits de la mer. Je me rendis au stand poissons frais, et là je vis Dany Logan, tenant un énorme morceau de thon dans les bras, se faisant prendre en photo aux côtés d'un énorme morceau de thon humain, une blonde enracinée de noir et déjà partiellement édentée, dont on devinait que le clitoris avait connu son premier émoi en frémissant sous ses doigts à la pensée du chanteur des Pirates.

L'esprit du rock était mort. Il fallait faire évoluer les jeunes chanteurs vers un style qui plaise aux « copains », mais qui fédère les « croulants ». Le twist était né.

Johnny Hallyday dut aussi trahir le rock pour chanter les inepties que lui imposaient les gros pardessus et, dans le premier twist qu'il enregistra et qui s'intitulait « Si tu me téléphones », sans doute victime d'un blocage freudien, Johnny ne parvient pas à prononcer correctement le mot twist. La chanson commence par une sonnerie de téléphone, Johnny décroche et doit dire : « Allô, twist ? Oui, c'est moi », mais il prononce « twitz » au lieu de « twist ». Malgré de nombreuses tentatives et la patience d'un ingénieur du son qui tenta une centaine de prises, Hallyday n'arriva pas à dire « twist » et son directeur artistique finit par se résigner à enregistrer le mot « twitz ». Et si vous voulez passer un bon moment lors d'une soirée entre amis, écoutez la chanson que vous trouverez facilement sur le net, vous l'entendrez dire : « Allô, twitz ? Oui, c'est moi. »

Attardons-nous un instant sur cette chanson qui symbolise ce qu'était devenue la révolte de la jeunesse, comme vous allez pouvoir le constater en lisant ce texte qui constitue la substantifique moelle de la révolte adolescente vue par les gros pardessus :

*Si tu me téléphones – Han han han han*
*Fais bien attention – Hon hon hon hon*
*Que ce soit pas ma mère qui prenne la communication*
*Car tu devrais lui expliquer qui tu es*
*Ce que tu fais et depuis combien de temps on se connaît*

*Si tu me téléphones – Han han han han*
*Prends garde chérie – Hi hi hi hi*

*Si par malheur mon père est là j'aurai bien des ennuis*
*Car je devrai lui expliquer sur-le-champ tes sentiments*
*Et la situation de tes parents*

*Si tu me téléphones – Han han han han*
*Essaie de choisir – Han han han han* [Oui, là, ils n'ont pas osé « hir ».]
*Le jour où mes parents auront eu envie de sortir*
*Car s'ils étaient à mes côtés comprends-moi je n'pourrais pas*
*Te dire à quel point je suis fou de toi*

*Qu'est-ce que ça peut bien leur faire ?*
*Tout ça ne les regarde pas*
*Si moi, je t'aime, c'est bien mon affaire*
*Oh ! Oh ! Chérie et c'est pourquoi...*

Il allait en avaler d'autres, des couleuvres, Johnny. Après le twist, il dut chanter le madison, le madison-twist, le surf, le hully-gully, le mashed potatoes.

On assista ensuite à une prolifération de danses folkloriques. Chaque saison, les maisons de disques lançaient une danse nouvelle, dont les jeunes se désintéressèrent, laissant ces « coups » de marketing faire la joie des noces et banquets, dans lesquels les bouchères devinrent vahiné le temps d'un tamouré, les fameux tontons rougeauds à bretelles dansaient le letkiss et devant notre effarement nous lançaient : « Alors, les jeunes, qu'est-ce que vous faites ? C'est les vieux qui mettent l'ambiance ! Regardez-moi ça, ça a 15 ans et ça bouge pas, on dirait les p'tits vieux des Myosotis ! »

Nous, nous dansions le jerk, mais pas devant eux qui considéraient ça comme une musique de singe. Les tontons rougeauds à bretelles faisaient dans le paso doble et, croyez-moi, ça ne rigolait pas lorsqu'ils dansaient « La cumparsita » avec une institutrice divorcée vêtue d'un chemisier coquille d'œuf sur une jupe sage, inondée de Soir de Paris de Bourjois, un paso doble, chacun pouvait y trouver son compte.

Le jerk avait fini par fédérer toutes les musiques « de jeunes », qu'il s'agisse de la pop anglo-saxonne ou de la musique soul, de James Brown à Otis Redding en passant par Wilson Pickett, Sam & Dave et Joe Tex.

Mais chaque style de musique avait « son jerk ».

Le jerk anglo-saxon qu'on dansait sur la musique des groupes anglais se caractérisait par un fort mouvement de tête accentué pour marquer le tempo, qui faisait bouger les cheveux d'avant en arrière. Le reste du corps était également en fort mouvement. Le danseur faisait pivoter son tronc pour que son corps se retrouve alternativement sur chaque profil. Sa tête suivait ce mouvement latéral tout en continuant à s'agiter d'avant en arrière, autant vous dire que les cervicales morflaient. Les membres inférieurs marquaient ostensiblement chaque temps, les pieds tapaient le sol au rythme de la grosse caisse. Mais il y avait aussi le « jerk des Blacks », que ces derniers dansaient dans les boîtes qui diffusaient exclusivement du rhythm'n'blues façon Wilson Pickett. Je ne vais pas vous faire le coup des Noirs qui ont le rythme dans la peau, mais putain qu'ils dansaient bien ! Contrairement à « l'école anglo-saxonne », ils gardaient la tête presque immobile. Leurs mouvements étaient d'une sobriété folle, ils soulevaient juste les épaules d'un léger mouvement et la souplesse avec laquelle leurs bassins ondulaient fascinait nos petites fiancées. De temps à autre, ils stoppaient leur mouvement, juste un court arrêt sur un break de cuivres, pour mieux recommencer à ondoyer ensuite. Chacune de ces courtes pauses laissait nos copines pantelantes, comme si le sexe des danseurs cessait de bouger en elles, et lorsqu'ils reprenaient leur mouvement des hanches, on les voyait déglutir de plaisir.

# 34
## When I'm sixty-four

« When I'm sixty-four ». Une chanson des Beatles dans laquelle ils s'imaginaient à 64 ans, retraités sur l'île de Man, et ils demandaient à leur épouse : « Est-ce que tu m'aimeras encore quand j'aurai 64 ans ? » À l'été 1967, cette chanson nous faisait rire, les Beatles ne pouvaient pas avoir 64 ans, c'était inimaginable, 64 ans, c'était l'âge de nos grands-pères et nous étions éternels. Putain, je viens d'avoir 64 ans !

Mai 2013. D'abord, l'Eurostar. Déjà désuet mais *so british* avec ses wagons parallélépipédiques, et puis, dès l'arrivée à Saint-Pancrace, l'odeur caractéristique de la capitale anglaise, ce mélange d'effluves de *fish and chips* et d'épices orientales, et puis le mélange d'humains aussi, où l'extravagance côtoie la tradition, sikhs enturbannés, Noirs à crête de footballeur, traders en costume trois-pièces sur une chemisette blanche, mamies en vison et Adidas, vieux punks à chien et des babas cool comme on ne pensait pas qu'il puisse encore en exister.

Sur le Strand, l'avenue des théâtres, c'est la mondialisation triomphante comme à Times Square ou comme sur les Champs. Les mêmes touristes, les mêmes boutiques, les mêmes Starbucks et les mêmes Sri Lankais qui vendent des tours Eiffel ou des statues de la Liberté qu'à New York, Rome ou Paris. Dans un flot ininterrompu, on voit déambuler des femmes pakistanaises qui tiennent par la main des mômes vêtus en Abercrombie, des Australiens en pantacourts qui aspirent dans une paille sortant d'un énorme gobelet de plastique des boissons fluo, des grappes d'adolescents où des garçons font croire aux filles qu'ils sont audacieux en poussant soudain des hurlements qui font peur à des quinquagénaires texans, et puis, les mêmes statues qui font sursauter les passants lorsqu'ils réalisent qu'il s'agit d'êtres vivants, les mêmes spectacles qui « tournent » avec six troupes dans le monde entier. Ce soir-là, j'allai voir l'un d'entre eux. Sur les affiches, le titre magique « Let it be » avec en dessous la photo de quatre clones des Beatles.

Me voici au Savoy Theatre, plein d'enfants du baby-boom qui arrivent à l'âge de la retraite, mais également beaucoup de jeunes, et des plus vieux aussi, comme cette dame à côté de moi, cheveux blancs aux reflets bleutés, du style « mamie va à la messe ». Les vrais faux Beatles commencent à jouer et la salle chavire aussitôt d'une vague de bonheur et de joie qui remonte de l'enfance. C'est du Beatles à la note près. Leur look aussi, c'est du Beatles à la mèche près, le bassiste est même gaucher, comme Paul. J'observe la vieille dame aux cheveux blancs, comme tout le monde elle chante à tue-tête, le final de « Hey Jude »,

*« La... La-la, La-la-la-la... La-la-la... Hey Jude... »* en levant les bras... Je pousse du coude mon fils en lui chuchotant : « Regarde la mémé, elle connaît tout par cœur, ça doit lui rappeler des souvenirs lointains. » Et c'est là que l'enfant m'a crucifié en me répondant : « Ben, c'est comme toi. » Comme moi... Je réalise que la vieille que j'imagine retraitée avec un crayon et une gomme à côté des mots croisés sur la table en merisier du salon et faisant ses courses avec une poussette en rotin tressé au marché de Covent Garden n'a même pas dix ans de plus que moi. À cet instant, j'ai pris conscience que j'étais devenu une de ces vieilles dames dont je me moquais qui font les croisières « Âge tendre » pour reprendre en chœur « Capri, c'est fini » avec un Hervé Vilard en ruine. Je suis devenu une mamie aux cheveux bleus !

# 35
## Zi End

On dit que les Trente Glorieuses se sont achevées en octobre 1973, lors du choc pétrolier qui suivit la guerre du Kippour qui opposa les Égyptiens et les Syriens à Israël, quand l'OPEP décida de l'augmentation de 70% du prix du baril de pétrole.

Mais, depuis quelques années, les Glorieuses ne l'étaient plus tant que cela.

Les sixties sont mortes le 30 mai 1968 lors de la grande manifestation gaulliste de la place de la Concorde. L'image des gaullistes historiques, bras dessus, bras dessous, avec en tête de cortège Malraux et Michel Debré vacillant sous l'émotion devant une mer humaine, ferme définitivement la parenthèse enchantée.

Même si de Gaulle quitta le pouvoir quelques mois plus tard, piégé par un référendum stupide qui n'était qu'un prétexte pour demander à la France:

« Dis-moi que tu m'aimes encore », auquel la France répondit : « Ben, excuse-nous, Charles, mais tu es devenu ringard, nous, on a envie d'un plus moderne, un plus audacieux, mais qui saura maintenir nos bonnes vieilles valeurs réactionnaires pour que les gauchistes chevelus ne viennent plus nous empêcher de consommer avec leur Che Guevara. »

Au second tour des présidentielles, la France dut choisir entre Pompidou et Poher, ce qui marque bien les limites de l'audace.

Quant à nous, les enfants du baby-boom, certains achetèrent des attachés-cases, devinrent cadres chez Rank Xerox, emménagèrent à Parly 2 dans des appartements décorés Pier Import, jouaient au tennis le dimanche matin et partaient en vacances aux États-Unis avec Nouvelles Frontières. D'autres, refusant le système, devinrent babas au Larzac, roulant dans de vieilles 2 CV portant des autocollants « Nucléaire, non merci », laissaient crever leurs chèvres, moissonnaient des récoltes dérisoires, non traitées certes, mais pourries sur pied.

La France pompidola, la France giscardisa, et les enfants gâtés que nous étions n'ont pas vu que le monde avait changé. On éleva nos enfants comme des copains, on fuma des joints devant eux, on porta des boucles d'oreilles et des queues de cheval pour montrer qu'on était créatifs et qu'un jour on finirait par l'écrire, ce bouquin qu'on portait en nous, mais que, en attendant, il faut que je rappelle Berton Maillard pour les stats de ventes, on passa des vacances dans le Lubéron où nos femmes achetèrent au petit marché de La Roque-d'Anthéron des robes provençales fabriquées localement au Sri Lanka et des fromages de chèvre industriels vendus par un étudiant parisien déguisé en berger des Alpilles. On s'acheta des voitures de plus en plus puissantes, des ordinateurs, depuis notre premier Mac Classic jusqu'au dernier modèle Apple, des téléphones portables depuis le Bi-Bop jusqu'à l'iPhone 6 Plus, et les enfants gâtés du baby-boom qui prônaient les valeurs de partage, de paix, d'humanisme et d'amour devinrent des monstres d'égoïsme et de cynisme, consommèrent sans retenue et gâchèrent le trésor qu'ils avaient dans les mains pour laisser à leurs enfants un monde exsangue, dévasté, pollué et sans idéal.

C'est la fin des utopies.

Depuis trente ans, ils chantent « Aujourd'hui, on n'a plus le droit, ni d'avoir faim ni d'avoir froid » dans les Zénith de province avant d'aller dormir dans le palace du coin. Lorsque Les Enfoirés ont chanté à Nantes, ils ont été logés à l'Hermitage de La Baule, l'un des plus grands hôtels français.

Imaginons un instant l'un d'entre eux, un enfant du baby-boom aux idées humanistes, sortant de table après avoir dîné. Au moment où il se retrouve seul dans l'ascenseur pour monter dans sa chambre à 900 euros la nuitée, il exhale un rot aux effluves de menu gastronomique à 189 euros.

Le lendemain, sur la scène d'un autre Zénith, il chantera avec des spectateurs qui auront les larmes aux yeux « San Francisco ».

Au même moment, sur un paquebot en Méditerranée, Michèle Torr, Antoine, Nicoletta, Richard Anthony et Adamo feront rêver des mamies en couches Confiance. Et tant pis si les voix chevrotent, tant pis si c'est bâclé, tant pis si ce n'est pas en place, il y a bien longtemps que, sur le plan musical, les années 1960 sont mortes également.

L'acte de décès porte la date du 6 décembre 1969.

Mais l'agonie avait commencé quelques mois plus tôt. Les relations entre les membres des Beatles s'étaient dégradées au point qu'ils n'avaient plus qu'une idée : chacun pour soi. C'était la première fois qu'ils nous décevaient. C'était la première fois que je constatais qu'une querelle d'ego pouvait saccager une œuvre et un idéal communs. On notera à ce propos que Sarkozy, Fillon, Juppé et Copé se sont beaucoup inspirés des Beatles dernière époque. Chacun souhaitait expédier les affaires courantes, solder les contrats en cours pour prendre son indépendance. Alors, comme à l'UMP, ils salopèrent le boulot. Comme ils devaient, justement par contrat, enregistrer un album et tourner encore un film ensemble, Paul eut l'idée de faire d'une pierre deux coups et de filmer les séances d'enregistrement. Le 30 janvier 1969, quand les Beatles montèrent sur le toit de l'immeuble Apple pour jouer une nouvelle chanson, « Get back », le résultat fut catastrophique. Nous avons tous en tête l'image des Beatles. Pour le coup, c'étaient bien quatre garçons dans le vent, mais un vent mauvais qui les décoiffait et leur donnait un teint de mort annoncée.

John Lennon dira plus tard que cette séance reste son souvenir le plus lamentable.

Effrayés par cette médiocrité, les Beatles décident d'enterrer la hache de guerre et, pendant cette trêve de l'été 1969, enregistrent le magnifique *Abbey Road*. Mais, dès la fin de la dernière séance de studio, John Lennon annonce que le groupe n'existe plus.

Vous imaginez la blessure qui fut la nôtre. Et l'histoire a parfois de ces hasards ironiques, puisque, trente ans plus tard jour pour jour, Filip annonçait qu'il quittait les 2 be 3. Mais pourquoi faut-il toujours que le rêve s'achève ?

Musicalement, les années 1960 sont mortes le 6 décembre 1969. « Altamont les a tu*er.* »

J'explique: le festival de Woodstock restera pour toujours l'Everest des montagnes musicales de la beat generation, trois jours de paix et d'amour, sur la côte Est des États-Unis. Les Rolling Stones, regrettant de ne pas en avoir fait partie, décidèrent d'organiser un festival identique sur la côte Ouest, quatre mois plus tard. Les raisons en étaient un peu moins idéalistes. Paix et amour, d'accord, mais surtout promotion de l'album *Let It Bleed* qui sortait à la même époque aux États-Unis.

Le concert eut lieu sur un circuit automobile désaffecté près de San Francisco et, pour canaliser les 300 000 personnes présentes, les Stones firent assurer le service d'ordre par les Hells Angels et eurent la délicate attention de les payer en tonneaux de bière.

Et puis les Stones se mirent à chanter « Sympathy for the devil »...

Des bagarres éclatèrent dans le public et un jeune Noir fut poignardé par un Hells Angels. On prétendit que cette chanson était d'inspiration satanique, et pendant six ans, les Stones ne la jouèrent plus. Puis à nouveau des violences pendant les concerts et ils cessèrent à nouveau de la jouer pendant six ans. Depuis, ils ne la rejouent que tous les six ans. 6... 6... 6... Après ça, on s'étonne.

En tout cas, à Altamont, en même temps que Meredith Hunter, les Hells Angels venaient de poignarder l'utopie... Oh, c'est joli, ça... On dirait du Grand Corps Malade.

Mais l'utopie n'avait pas besoin de ça pour mourir. Brian Jones s'était noyé six mois plus tôt, Joplin, Hendrix et Morrison allaient suivre... Bon, comme ça plombe l'ambiance, rappelons pour nous détendre que quelques mois plus tôt notre ami Édouard Balladur avait participé aux accords de Grenelle, et ça fait du bien de penser à ça plutôt qu'aux cheveux longs des drogués décédés.

En cette fin 1969, tout avait changé. L'homme marchait sur la Lune, Nixon était élu président, ce qui donne une idée précise de l'Amérique profonde et finalement du peu de poids sur l'instant de la culture rock. Et sur le plan de la musique commençaient à émerger d'autres choses, un rock plus compliqué, plus théâtral, chiant pour tout dire. On sentait venir également des musiques faites pour danser, le reggae bien sûr, mais bientôt allait déferler sur la Terre entière une musique destinée à la danse, et puis le punk, révolte folklorique, avant que n'arrivent le hip-hop et le rap, aussi importants pour les nouvelles générations que le rock pour l'ancienne, mais sans le moindre espoir.

Et nous voici, ICI ET MAINTENANT. *Hic et nunc*. C'est la fin des utopies, des rêves et des idéaux définitivement tués par les balles d'un Hells Angels au festival d'Altamont et par un rot de Maxime Le Forestier sortant de table dans un palace de La Baule après un concert des Enfoirés.

# Table

MIXTE
Papier issu de sources responsables
FSC® C003309

Les papiers utilisés dans cet ouvrage
sont issus de forêts responsablement gérées.

*Mis en pages par DV Arts Graphiques à La Rochelle*
*Imprimé en Espagne par Cayfosa*
Dépôt légal : mai 2015
N° d'édition : 4232
ISBN 978-2-7491-4232-6